下谷政弘

いわゆる財閥考

三井、三菱、そして住友

日本経済評論社

まえがき

川田順は戦前、住友合資会社の常務理事であった。その『住友回想記』(一九五一年)のなかで、かれは金融恐慌(一九二七年)のことを描いている。

「たいへんです。大阪は軒並に倒れました。立つてゐるのは天王寺の塔と住友だけです!」
これは、昭和初年の大恐慌のとき、三菱商事の支店長が東京の本社に駈け付けて実況を報告した際の有名な文句である。昭和二年三月……金融恐慌の火の手は、翌四月、終に東京その他各地に燃えひろがり、大小無数の銀行を舐めに舐めたが、モラトリアムといふ怪力のポンプが出動して、やつと消し止めた(三一頁)。

日本の近代史研究において、財閥史はかつて政治史などとならんでもっともさかんなジャンルであった。とくに経済史や経営史の分野において、「財閥」をテーマにすぐれた研究が数多く積み上げられてきた。その緻密さと徹底ぶりは、もはや書き残しの部分も見当たらないほどである。そして、もちろん財閥といえば三井や三菱などの名がすぐに浮かぶ。三井、三菱などの大財閥は、明治以降の日本の近代化の歴史にあってつねに重要な役割を演じてきた。

ただし、興味深いことに、新聞や雑誌などが三井や三菱などを指して実際に「財閥」と呼びはじめたのは遅く、この金融恐慌の前後からのことであった。それまでのジャーナリズムは「財閥」と名指しすることを避けて、「富豪」や「王国」などと呼ぶのが普通であった。また、三井、三菱の両財閥に住友をも含めて「三大財閥」と呼びはじめたのも金融恐慌を過ぎてからのことであった。

これら「三大財閥」うち、住友については三井・三菱に比べその近代史研究に遅れをとってきたことは否めない。これまでふつうに財閥史といえば自ずと三井・三菱の歴史が取り上げられることが多く、両者がその代表的なケースとして語られてきた。家族同族の所有形態や番頭経営の様子、あるいはコンツェルン組織の形成、本社統括の集権度、戦時経済への対応、などなど。もちろん、三井と三菱の両者の間にも違いがあって、それぞれに特徴的な歴史を展開してきた。住友もまたこれらの論点において、さらに三井・三菱の両財閥とは異なる内容や特徴をもっていた。

住友において当主の吉左衛門は家長と呼ばれた。さきの川田順『住友回想記』はいう。

> 住友の家長が住友の諸会社に君臨したことはもちろんである。のみならず、外部の大阪に対してさへ、住友吉左衛門は無冠の王者の観がした。東京に於ける三井・三菱よりも、大阪に於ける住友の地位は飛び離れて高かつた。それは、なんの不思議もない。中央の首府には、貴族あり、政治家あり、実業家はそれらの下に位置したが、大阪では知事、師団長が最高の官吏で

……ざつと申せば町人の天下であつた。その町人の王者が住友吉左衛門なることは誰れも異存はなかつた（三九頁）。

とはいえ、住友の名前は第一次大戦のころまで、必ずしも世に広く知られていたわけではなかった。住友は近世江戸初期から続く古い歴史をもっている。三井の歴史もずいぶん長かったが、それよりさらに古い。その住友が銅山経営・精錬業者としての長い歴史を経てきたあと、本書でもみるように大きく展開し、世に広く知られはじめたのは第一次大戦後のことであった。それまでは――

住友の名が海外で知れてゐたのはK・S・インゴット（別子産の型銅）だけであつた。海外はおろか、内地でさへも、住友自身が確信してゐた程に有名ではなかつた。大阪の富豪といへば「鴻池だらう」と東京人は考へてゐた（一六四頁）。

本書では、「財閥」とは何か、また財閥の具体的な歴史像について論じている。その際、すぐれた先行研究が大いに助けとなった。本書では、できるだけそれらの先行研究に住友の実態をも付け加えることによって、三井・三菱との比較考察をするようにつとめた。川田順はいう。

元禄以来の歴史を持ち、封建の匂ひ高き住友だけれども、実際はその昔から立憲的の番頭政治であつた（一三三頁）。「保守的」と世間から批評された住友も、実はなかなか進歩的で、ハイカラでさへあつた……銀行は早くから海外支店を開いて外国為替を取扱ひ、鉱山や工業も外国資本及び技術との提携をずゐぶん大胆に実行した（五四頁）。

本書の第一章および第二章では、「財閥」という用語が実際に新聞・雑誌などジャーナリズムにいつごろから登場したのか、その時代背景は何だったのかについて述べている。続いて、第三章では三大財閥の姿を具体的に観察しながら日本的なコンツェルン形成の特徴を見た。さらに、第四章では一九三〇年代初めの満洲進出や財閥批判について、また第五章では戦時統制経済への財閥の対応を述べた。

今日からみれば財閥などはすでに古い昔話なのかもしれない。しかし、これらの各章を通じて、本書は全体として、いわゆる「財閥」とは何だったのか、当時の人々にとって「財閥」はどのように映っていたのか、について考えようとした。また、世間に映った財閥の様相を実際に描き出すために、当時の新聞や雑誌、または当時の論文などからできるだけ数多くを引用するように心がけた。

本書ではこうして当時の「証言」を最大限に尊重するよう務めたわけだが、そのために引用文が多くなってしまった。結果的に、多少とも読みづらい内容になったのではないかと恐れている。引用文に付した傍点や〔　〕内の字句はすべて引用者による。適宜ふりがなを打った箇所もある。読者諸賢のご寛容を願わなければならないであろう。

目次

第一章　いわゆる財閥考

一　一人称としての「財閥」

日本社会の一九三〇年代は昭和恐慌の嵐のなかにはじまった。すでに一九二〇年代から続く不況のなかで庶民は生活苦に喘いできたが、昭和恐慌によっていよいよ苦悩は深くなった。対して、他方の側には、一九二〇年代を通じて築かれた富豪たちの巨大な財閥ピラミッドが威容を現していた。おりしも、金解禁政策（一九三〇年）にともなう「ドル買い事件」とも重なり、富や資産の一部富豪への集中が顕在化したことで反財閥感情が煽り立てられた。「財閥批判」の動きである。怨嗟の声は広く巷間にあふれた(1)。庶民、軍部の若手将校たち、国粋主義者たちの批判の鉾先は三井や三菱などの大財閥に向けられ、いわゆる「財閥転向」が迫られるようになる。爾来、「財閥」なる語はネガティブな意味合いの用語として広く使われてきた。

この財閥批判、あるいは反財閥行動は「もっぱら三井に集中した」といわれる。三井財閥こそが最大規模の財閥であり「財閥の代名詞」でもあった。半面、「他の財閥、特に三井に次ぐ三菱に対する風当たりは意外と弱かった」（旗出勲『日本の財閥と三菱』、三一一頁）。いわんや三井、三菱の両財閥を追いかけていた住友や、あるいは安田・古河などへの風当たりはさらに弱かったであろう。たとえば、住友について、野田一夫『財閥』が述べるように、「主として国粋主義者からの攻撃によって、この頃財閥への国民的反感は高まり、三井、三菱ともその防衛のために各種の転向策をうちださざるをえなかった中で、住友の立場は比較的に安定していた」（五二頁）。

事実、住友では、反財閥を掲げる軍部若手将校たちの「財閥満洲に入るべからず」のスローガンにもかかわらず、三井や三菱を尻目に満洲事変後に真っ先に満洲への事業進出を果たしていた。あるいは、一九三〇年代に入ってからの矢継ぎ早な「住友合資の意思決定による新産業への進出という、三井や三菱とは対照的な行動」に関しても、住友の「三井や三菱、とくに三井財閥との対照には財閥批判（の強弱の程度）が作用してい」たのでは、という指摘がある（橋本寿朗「財閥のコンツェルン化」一三七頁）。

財閥か財団か　当時、三井や三菱はすでに自他ともに認める大財閥であった。住友ももちろん大財閥の一つに違いなかった。住友は一九二〇年代の末ごろになると「三大財閥」の一つにも数えられ、目覚ましい成長を続けていた。しかし、半面では三井や三菱などの大財閥に比してその規模に相当の格差[2]のあったことも確かで、住友の内部では自らを指して（一人称としては）「財閥」と名乗ることを慎重に避けてきた。

もとより「財閥」なる言葉は他者が評していう言葉である。それは自らを指して呼ぶのに用いる言葉ではない。森川英正『日本型経営の源流』（一九七三年）がいうように、「財閥ということばには非難・呪詛のひびきがこもっている……財閥の主人や経営者が、みずから「私は何某財閥の者だ」などと名乗ることなど考えられなかった」（二〇頁）。同様にして、他者もまた公然と「財閥」と名指すことは憚っていたであろう。「財閥」の語はネガティブな意味合いをもっていたから、いずれの財閥においてもそう自称することを避けてきたが、とりわけ住友の場合、それを潔しとしなかった。すなわち、かつて住友では自らを呼ぶ場合には、財閥とはいわずに「財団」と称した。

たとえば、一九三〇年代前半の「財閥批判」の声が世間に満ちていたころ、住友合資会社（住友総本店を一九二一年に改組）はその名も「財団ニュース」と称する社内向けの冊子（隔月刊）を出していた。それをみると、「今日財団が大をなす所以のものは、変転極りない財界に処して不況の嵐に耐え、危難の濤《なみ》を乗切つた知謀と努力の賜に外ならぬ」（第二輯、一九三三年一月）とある。あるいは、「大小諸々の事業が親会社の掩護と統制の下に発展して行く財団の姿は数多の幹や枝と共に太り行く一つの大木にも譬へらるゝであらう」（第三輯、一九三三年三月）、あるいはまた、「財団の功罪を説く者は眼を其公益的使命の全貌にも注がねばならない」（第一二輯、一九三五年四月）などと、住友では自らを称して「財団」と呼んでいた。

ただ、この「財団ニュース」の記事中には「財閥」という語も一部だが使われなかったわけではない。しかし、その少数事例の場合でも、あたかも自らを「財閥」の埒外に置くかのごとく、他人事を語るような文脈においてであった。たとえば、「財閥にも勿論色々短所があるが、其長所を究めずに妄りに之を排撃せんとするは所謂角を矯めて牛を殺すの類である」（第五輯、一九三三年七月）、あるいは「財閥が貯へ財閥に集る大資本も其目的を弁へず……大衆の生業を脅威し、或は公益を犠牲とするに過ぎないならば〈資本の悪用〉と称せらるゝ」（第七輯、一九三三年一一月）、あるいはまた、「財閥の転向に関連して近頃〈公開コンチェルン〉と云ふ新しい言葉を時折耳にする」（第一〇輯、一九三四年七月）などの用法だけに限られていた。

総理事訓示　また住友では、一九一三（大正二）年以来、年に一度、各部署の主管者一同を集めて総理事からの訓示がなされた（「主管者協議会総理事訓示」）。その訓示のなかで「財閥」の語が初めて登場するのは一九三三（昭和八）年からのことであった。つまり、世上一般に財閥批判や財閥転向が大きく取り沙汰されていたころのことで、やはり自ら「財閥」にふれざるをえなかったのであろう。

たとえば、「住友全事業ノ統制ノコトデアリマスガ、住友ハ他ノ財閥ニ比較シマシテ統制ガ善クトレテヰル」が、「住友ハ財閥トシテ他カラ信頼サレテヰルカラト云ヒマシテ安閑トシテヰル訳ニハ行キマセヌ……色眼鏡デ財閥ノ行動ヲ見ル者モ多クアリマス」、などと出てくる。さらには、翌一九三四年の訓示のなかには、「従来財閥ノ中ニハ余リニ力ヲ頼ンデ横暴ナ振舞ヲシタリ、又強権ノ下ニ社会ノ統制ヲ案シタガ為ニ転向ヲ声明シタル向モアル」と、「他ノ財閥」を批判しながら、そのうえで、住友では「勿論転向ナド新聞ニ伝ヘラレタコトモ無イ」、「住友デハ転向ナドアリ得ナイ」、と言い切っていたのである。あるいは、さらにのちの一九三九年の訓示では、世間の不平不満によって「先ズ狙ハレルノハ時局産業デ繁栄シテ居ル財閥デアリマス……今日ノ国策ガ住友ノ事業ニ幸シテ居ル……所謂殷賑産業ノ恵ミニ住友モ浴シテ居ル」、と認めたうえで、主管者たちにいっそうの自粛自戒を求めていた。

以上は小倉正恒総理事（在任一九三〇年八月〜四一年四月）による訓示であった。そこには「財閥」の語も一部登場したものの、かれの最後となる総理事訓示（一九四〇年）ではやはり「住友ノ如キ事業団体ノ態度、云々」という表現で締めくくられた。その後、一九四一年からは代わって古田俊之助総理事による訓示となって、戦時統制下においては「財閥」という語はいっさい登場しなくなる。住友では自らを呼んでやはり「我ガ住友財団」（一九四三年）といっていた。(3)

以上のようにして、住友はもちろん自らも財閥の一つであることは認めていたものの、三井や三菱など「他ノ財閥」との違いを主張しながら、一人称では「財閥」と名乗ることを慎重に避けてきたのである。

二　「財閥」という呼び名

「財閥」とはいったい何だろうか。本章では以下、「財閥」という言葉そのものにこだわって少し考えてみることにしたい。

歴史用語

いうまでもなく「財閥」は今日では一つの歴史用語である。森川英正『地方財閥』のいうように、「財閥と呼び慣らわされたところの特殊なシステムを有する企業体は、戦前の日本経済における重要な構成要因であったし、経済に限らず戦前日本の歴史を研究する者は、何らかの程度においてそれに言及せざるを得なくなった」（一〇頁）。「財閥」は或る時期をもって誕生し、そして第二次大戦後の「財閥解体」措置とともにその生涯を終えたのである。

そもそも「財閥」という語は漢語ではなかった。日本語（和製漢語）である。栂井義雄『財閥と資本家たち』はいう。「財閥という言葉は、漢字の熟語ではあるけれども、元来、中国から渡ってきた言葉ではない。これは日本で、明治時代に発明された言葉である」。しかも、「この言葉が最初に使われだしたころは、いまの「財閥」とはだいぶちがった意味を持っていた」（一五一頁）のであると。

試みに調べてみると、かの『大日本国語辞典』（一九一五～一九年）にも、上田萬年他『大字典』（一九一七年）にも、また簡野道明『字源』（一九二三年）などにも「財閥」の語はいっさい登場しない。昭和初年の経済学に関する代表的な辞書として、たとえば岩波書店『経済学辞典』（一九三〇～三二年）などを見ても「財閥」はまだ見出し語としては取り上げられていなかった。[4]

管見する限りでは、書名の中に早く「財閥」を用いた一書としては、一九二五年刊の藤山獏郎『大阪財閥論』がある。ただし、その内容をみるならば、まだ関西阪神地区における財界人列伝たるの域を出ていない。同書はいう。「時の潮は刻々にあらゆる因襲をかなぐり捨てる。即ち今や、薩長土肥の郷閥は固より党閥軍閥いづれも其影を薄うして……古い閥が葬られると同時に、絶へず次ぎへ〱と新なる「閥」が簇出する。そして……彼の学閥財閥の如きは即ち現代に於ける最も典型的なる閥と云ふべく」（二頁）、云々と。

「財閥」の語に正面から考察を加えた論攷《ろんこう》としては、静田均「財閥考」（『経済論叢』第六四巻、一九五九年）がある。それによるならば、辞書類のなかで「財閥という独立の項目を設けたのは、『金融大辞典』（昭和九年）をもつて嚆矢とするものの如く……大要つぎのように書かれている」として、その内容を紹介している。「すなわち東京において東電を支配した甲州財閥、大阪において近江銀行・江商株式会社を結成した江州財閥、名古屋において愛知銀行を中心とした清州財閥等がその代表であるとおり、『大都市において郷里を同じうする資本家、企業家が投資または事業関係において提携した時、その出身地の名を附して財閥と呼んだ』」のだと。つまり、当初の「財閥」という語は、同郷出身の士が互いに集まって作る事業団のことを意味していたのである。

しかしながら、より興味深いのは、実際にその『金融大辞典』を開いてみると「其後我国では財閥なる呼称が一変した」（八〇九頁）、と述べていたことである。すなわち、その後、「財閥」の語は日本社会の近代化の進展とともに成長してきた特定の大富豪たちの事業体を指すように変化して、かれら「大資本家の一族一門による投資機構、事業機構」へと意味内容を変化させはじめたのである。それは「王国と称した。……三井王国、三菱王国等、これである」（同前）、ともいう。

一般的にいって、財閥と並べられる「閥」には藩閥・軍閥・学閥などがあろう。これらの「閥」とは皆、出身出自などを同じくする特定の人々の集合体（つながり）を意味していた。財閥もまた当初の使い方ではそうであった。しかし、これらのうち財閥だけは、その後に特定の組織体（事業機構）を指して使う用語へと変化していった。すなわち、もともとは出身地域名を冠して呼ばれた「財閥」の語は、のちには大富豪たちの個々の組織体を指すようになって、三井や三菱などの家族名（あるいは屋号）を附して呼ばれる用語へと変化しはじめた。

『現代金権史』　日本は明治以降に近代化をスタートさせたが、いずれの国においても、近代化の歴史プロセスのなかで多大の財産を蓄えた富豪が自然発生してきた。新たな意味での「財閥」とは、これら数多くの富豪たちの内からしだいに生まれてくることになる。「財閥とは文字どおり経済貴族というほどの意味をもつ。……富豪とか素封家とか金満家とかいうのと、たいした変りはない」（静田均「財閥考」、一六九頁）。実際にも、かれらは或る時期までは「富豪」と呼ばれるのが普通で、のちになって「財閥」と呼ばれるようになる。では、かれらは、はたしていつごろから「財閥」という名で呼ばれはじめたのであろうか。また、そう呼ばれはじめた背景とはいったい何だったのだろうか[5]。

三井家、岩崎家など明治期における「大富豪」や「大金持」を論じ、また三菱を一つの具体例にあげて、時の権力と結びついた「政商」の誕生を論じた書物として山路愛山『現代金権史』（一九〇八年）が知られる。山路愛山は述べている。「斯様に政府が自ら干渉して民業の発達を計るに連れて自から出来たる人民の一階級あり。我等は仮に之を名付けて政商といふ」と。また、「政商とは支那の字書にも無く、日本の節用集にも無き名なり。無きは当然なり。是れは明治の初期に其時代が作りたる特別の時世に出来たる、特別の階級なれば……」（三四頁）云々、と。

『現代金権史』はこのように「政商」について論じた書物であった。しかし、まったく不思議なことに、これまでの財閥史研究においては、同書は「財閥」の語を最初に使った書物として扱われてきている。たとえば、武田晴人『財閥の時代』（一九九五年）はつぎのように述べる。「財閥ということばがいつごろから使われはじめたかというと、あまりはっきりしたことは言えないのですが、明治の終わりくらいに政商とか財閥ということばを、山路愛山が『日本金権史』という本で使いはじめています」（四頁）、と。あるいは、橋本寿朗「高橋亀吉の財閥論」（『証券研究』第八九巻、一九八九年）も同様に、「財閥という用語は以前から山路愛山などによって使われていた」（八一頁）と述べている。

しかしながら、いま山路愛山『現代金権史』を改めて読んでみると、同書のなかにはまだ「財閥」という語はまったく登場しない。同書では、たとえば「三菱会社」「岩崎王国」などとは表記されても、「三菱財閥」という呼び方は出てこない。同書ではただ、「されば大富豪の身代は二代目三代目に至れば名は一家の私有物なれども、其実は天下の人才を迎へて其活動を縦まにせしむる公共の一財団と変化するの運命を有すと謂うべし」（三一四頁）、云々、などと語るのみであった。

「財閥」という呼び名は一体いつごろから使われたのだろうか。『現代金権史』と同じ一九〇八年に刊行された岩崎徂堂『富豪名門の家憲』と題する一書がある。同書には三井・岩崎・住友も含めて三十五家もの「富豪」たちの家憲が収録されているが、そこでもやはり「財閥」という表記はいっさい出てこない。たとえば三井家について、「岩崎住友と共に其鉅富を争ひ、我邦の名族として住友鴻池と門地の高きを競ふものは、即ち三井家に非ずや、然り貴族的富豪として……」（九八頁）などとある。あるいは、同じく明治末年に刊行された横山源之助『明治富豪史』（一九一〇年）を見ても「財閥」の語は見当たらない。また、一九一九（大正八）年に刊行された『関西四大富豪と其事業史』においても、「今我邦に於ける代表的一流の富豪を求めんか、東には三井、三菱、安田、古河、大倉等あり。西には即ち住友、藤田、久原、鈴木の四大富豪あり」（四頁）云々、として、同書でももっぱら「財閥」でなく「富豪」で通している。(6)

新聞記事　「財閥」という言葉はこれまで、もとは社会用語だ、ジャーナリズム用語だといわれてきた。では、実際にジャーナリズムにおいて「財閥」という表記はいつごろから使われ出したのだろうか。あるいは、それまでの「富豪」の語はいつごろから「財閥」へと変わったのか。

試みに新聞記事の検索で調べてみるならば、ほぼ大正期に入る前後から三井や三菱（岩崎）などに関する記事量が増えてくるのがわかる。しかし、当時、新聞ではかれらを指してやはり「富豪」、あるいは「〇〇王国」「〇〇家」と呼ぶのが普通であった。すなわち、ジャーナリズムはまだ「財閥」という呼び方を採用しておらず、それはまだ人口に広く膾炙していなかったかのように思われる。

たとえば、明治末ごろの記事をみると、「維新の際、自家の財産を挙げて国事に尽したる富豪三井家を始め京都大阪の豪商都合八家ハ今度華族に列せらる、……尚ほ岩崎家にも同様の内令ありし」（「東京朝日新聞」一八九三年二月三日）、云々とある。あるいは、「両富豪の義捐」と題する記事には、「岩崎、三井両家にては各五百円を吾社に託して」（「東京朝日新聞」一九〇二年九月一二日）などとある。これらの記事は「イエ」に関係する内容であるから、なるほど「富豪」の呼び名でよいかもしれない。

しかし、かれらの事業経営に関する記事についても、大正期に入ってからの記事を拾うと、「富豪が眼前の損失を忍びて経営せる三菱の硝子、三井のセルロイド等……」（「大阪朝日新聞」一九一二年六月八日）、とやはり「富豪」で出てくる。あるいは、「一般機械的工業は相当の発達……化学工業に至りては……二三の富豪にして或種の化学工業を経営するものあり」（「時事新報」一九一二年七月一一日）、さらに、「三井が急遽東洋〔紡績〕と接近策を取るに至りたるは……多年消極一点張りの三菱、住友等の富豪連が戦争の刺戟にて……」（「東京朝日新聞」一九一六年五月一九日）、あるいは「電気応用化学に於ては……久原、住友、鈴木各富豪の大規模経営……」（「大阪新報」一九一六年一一月七日）などとある。すべてが「富豪」である。

さらには、「大阪の富豪住友家が欧州戦争のため銅の暴騰其他で莫大な利益を得たソレを家主一人の懐に収めず五百万円に近い大金を割いて此の暮の半期賞与と一緒に全使用人に頒つたといふこと……」（「大阪朝日新聞」一九一七年一月九日）や、あるいは「岩崎男爵家を大関に富豪の占有土地、東京市の廿分の一……」（「東京日々新聞」一九二〇年一〇月三〇日）、または、「富豪安田善次郎翁、大磯別邸に刺殺さる」（「東京朝日新聞」号外、一九二一年九月二八日）、などなども含めて、当時の新聞記事においてはほとんどすべてが「富豪」と表記されており、「財閥」は出てこない。

あるいは、一九二五年の「東京朝日新聞」（八月二七日）は「富豪術」と題する記事を掲載し、つぎのように述べていた。「凡そ天下の富豪と名のつくものも、その起りはさまぐ〵である……その主力を注ぐ処はおのずから異つてゐて、三井の物産及び銀行、三菱の鉱業、工業及び銀行、安田の銀行、大倉の商業及び工業、住友の鉱業及び銀行、藤田、古河、久原の鉱業、鈴木の商業等、夫々特色を有してゐる……更に又金融界においては銀行丈けで満足せず、保険もやれば信託もやる。去年から今年にかけて、三井、安田、住友の各富豪が夫々信託を開始した如き、この傾向を明かに語つてゐる」。同紙はこのように述べて、富豪たちが「財界の一部的な仕事に立て籠もらないで各方面に向かって手を拡げる」様子を取り上げ、それを「百貨店式経営」と名付けていた。

金融関連記事　以上見てきたように、管見する限りでは、新聞紙上には一九二〇年代半ばごろまでは「財閥」という表記はほとんど登場しない。「富豪」という呼び方が大勢を占めていた。「財閥」の語がジャーナリズムにおいて使用されはじめたのは意外なほどに遅かったのである。

ただし例外的に、一部、金融関連の記事のなかではようやく「財閥」の語が、第一次大戦後から、他の記事よりもやや早めに使われはじめた。

たとえば、「保険業と銀行業と密接の関係重加するに従ひ現在銀行界に見る如き三菱、三井、安田、渋沢等の財閥関係は自然保険界に於いても体現し来り……」（「大阪新報」一九一六年一一月二一日）、あるいは、「自己の利益の為め故意に銀行の機能を濫用し、若しくは政党、門閥及び財閥等の強要又は其他の私縁関係等の為めに悪事を意識しつゝ、」云々（「大阪時事新報」一九二二年一二月一六日）、というのが例外的に早い。

しかし、その後はやはり一九二〇年代の後半からの記事であって、たとえば、「近時銀行其の他財閥などの信託会社を計画するもの相当に多く三井、住友、安田などは既にその成立を見、云々」（「大阪毎日新聞」一九二六年四月七日）や、あるいは、「財閥の信託会社経営は近来の流行……藤田組の買収せる大正信託……又住友、三井、関西もそれぐ〳〵支店設置を計画、云々」（同、一九二六年五月二七日）、あるいはまた、「三井合名会社の高砂生命保険会社買収は……日出生命の住友生命と変更した事と同様に軈《やが》て実現し……斯く群小会社が有力なる財閥に買収され、しかも堂々と其名を名乗つて出る傾向あることは生保界に取つて注目に値する」（「読売新聞」一九二六年一一月五日）、などなど。

金融関連の一部の記事では「財閥」はやや早めに使われたものもあった。しかし、そこでも「財閥」の語が新聞紙面にはっきりと登場しはじめたのは、やはり一九二〇年代の後半から、すなわち、時代が大正から昭和へと移るころであった。

たとえば、「わが国現在の産業組織は殆ど全部先進国の模倣……大は〈何々王国〉と自負する財閥より小は六尺間口の小売店に至るまで自己本位に齧ぢりついて」（「京城日報」一九二七年七月二〇日)、あるいは「三井、三菱、久原の各財閥……を大株主とする九州送電会社は創立後水利権獲得電力の県外輸送等紛糾したる……」(「読売新聞」一九二七年七月二二日)や、「チリ硝石問題は……鈴木商店が没落して三井、三菱がその肩代りをし始め……郵船の南米航路における恩恵を両財閥のみが独占するのは怪しからぬとの輿論、云々」(「大阪朝日新聞」一九二八年九月二六日)、などなど。このようにして、一九二〇年代後半になると、少しずつながら確実に「財閥」の語が登場しはじめたことがわかる。

しかし、同じ一九二〇年代を通して、依然として「富豪」あるいは「王国」が根強く使われ続けていたことにも留意すべきである。

たとえば、「近頃東西の富豪が銀行経営の傍ら大信託会社を計画する者、相踵ぐ有様に……」(「大阪朝日新聞」一九二四年一二月九日)、や「吾邦事業界の二横綱として三菱王国に対立する吾が三井王国は、三菱の堅実なる守勢に対して男性的なる攻勢の商策を以て……」(「読売新聞」一九二五年五月二八日)、など。あるいは、「三井、安田、住友等の富豪の信託計画と共に、信託会社が保険、銀行と相並んで資金吸収上重要なる機能を発揮するに至り……」(「大阪朝日新聞」一九二五年八月一九日)、また「黄金王国の所得税調べ……筆頭は岩崎久弥男爵、づらり並ぶ三井一門……」(「読売新聞」一九二八年一月一一日)、さらには、「安田王国の関係事業と云ふものは世間で噂した程でなく、寧ろ案外の大発展を遂げ最近では信託事業にまで手足を伸ばして三井、三菱両王国と鼎立し……」(「読売新聞」一九二九年一月二三日)、また、「東京電燈の外債を成立せしめた三井銀行の鮮かな手際……名にし負ふ三井王国を背後に控えてその派手な営業振りは……」（「読売新聞」一九二九年二月二八日）、などなど。

以上に見るように、朝日新聞は「富豪」を、読売新聞は「王国」を多用する傾向があったものの、いずれにせよ、一九二〇年代後半でも依然としてこれら「富豪」「王国」の語が使われ続けていたことがわかる。

『東洋経済新報』

以上は新聞記事について見てきた。つぎに経済雑誌の一つ、『東洋経済新報』を取り上げてみよう。そこでもやはり大正期全体を通して「富豪」の語がほとんどを占めていたことがわかる。「財閥」の語は出てこない。大正期の同誌を一瞥すればわかるように、同誌の論調は一貫した「閥族打破」の内容で知られていた。藩閥政治や軍閥に対する正面からの批判記事も少なくない。それにもかかわらず、そこには「財閥」という語はほとんど出てこず、やはり「富豪」または「〇〇家」などで通されていた。

たとえば、「富豪乃至銀行会社は兎角面倒なことを云ふて海外放資に応ぜぬ」（一九一六年一二月五日）、あるいは、「欧州戦乱の継続によりて、大阪に出入する船舶貨物の激増と共に大阪築港に対する経営熱が各富豪の間に高まり、住友、三井、三菱等は此方面に角逐することゝなつた」（一九一六年一二月二五日）、など。あるいは、「先ず日本セルロイド人造絹糸会社が播州網干に設立せられ、次に堺市に堺セルロイド会社が設立された。前者は三菱系であつて後者は三井系……其関係者は三菱及三井の二大富豪であつた」（一九一七年七月五日）、など。

さらには、「安田系統の銀行……其の勢力の宏大なる到底他の大銀行の追従を許さざる……安田銀行の資本の全部が安田家一族の出資にかゝるものなるは申すまでもないが……十五行共に其の資本の少なくとも半分は安田家の出資する処」（一九一八年五月二五日）、さらに、「安田一家が此の銀行集中策を取れる起源は頗る旧い……かくて安田系統の銀行は東京大阪を本拠として、北は北海道より南は……」（一九二二年九月二五日）云々。また、「安田の事業は……合資会社安田保善社に依つて統制される。この企業形態は本邦の富豪が採れる普通の形であつて……日本の所謂保全会社の企業形態は、安田でも三菱三井でも然りであるが、富豪の雑多な事業を横に連系したもの……」（一九二五年八月二九日）、などなど。

さらに付け加えれば、「日本に於て厖大なる私経済、巨大なる企業形態の典型を求むれば、先ず整つて居る点で三菱を挙げねばならぬ。然し乍ら三菱が現在の如き形態を整へたのは最近である……大企業団体が其豊富なる資力の一部を割いて一般経済調査に対して有力なる資料を提供することは大企業家が当に為すべき社会的任務……富豪が資力と人力とを一団として向はしむべき方向は斯の如きもの以外にはあり得ない」（一九二五年九月一九日）、など。

しかしながら、やがて一九二〇年代の後半以降になると、同誌には長引く不況を反映して「失業者激増」や「産業の整理」、「問題会社の整理〔買収〕」などの記事が出てくる。あるいは、それら「財界整理時代の到来」の結果として、三井、三菱、住友などによるいわゆる「大企業化の趨勢〔経済力集中〕」に関連する記事が増えてくる。たとえば、「住友合資会社は今回日出生命保険会社を買収し、住友銀行及住友信託と鼎立せしめて同系統事業に保険事業を加ふるに決し……住友の威望に依り之を将来大会社たらしむべく当事者は大に勢ひを込めてゐる」（一九二五年六月二七日）。あるいは、一部の「市中銀行の現状を見るに、欧州大戦以後に於ける海外発展は頗る顕著にして、三井、三菱、住友の如き夫々多数の支店を新設し……」（一九二五年四月一八日）、などとある。同誌上では、まだ「財閥」という表現こそ使われていないものの、時代の様相は確実に変わりつつあった。

三　いつから「財閥」なのか

財閥がその生涯を終えた時期は、いうまでもなく第二次大戦後の財閥解体の措置によって判然と画される。半面、これまで明確でなかったのは、三井・三菱・住友などはいつから「財閥」だったのか、いつから世間で「財閥」と呼ばれはじめたのか、である。

さきに見たように、これまで「財閥」の語は明治末年の山路愛山『現代金権史』から使われ出したのだと語られてきた。しかし、実際に同書を見ても、「財閥」はまだ登場していなかった。よく知られるように、三井や住友は幕末から明治維新の大混乱を乗り切り、他方で、三菱、安田、古河、大倉などは明治の動乱のなかから誕生してきた。しかし、かれらは明治の時代からすでに「財閥」という名で呼ばれてきたわけではなかった。かれらが広く「財閥」と呼ばれはじめた時期は意外なほどに遅く、それ以前には「富豪」や「王国」などと呼ばれるのが普通であった。

ジャーナリズム用語

実際、ジャーナリズムなど世上では、かれらをいつから「財閥」と呼びならわしたのか。このことは「財閥」の概念内容にも関わってくる。ふつう、「財閥」はジャーナリズム用語だったといわれてきた。しかし、巷間においてはいざ知らず、これまで見てきたように、新聞や雑誌記事などによる限り、そこでは遅くまで三井、三菱、住友などのことを指して「財閥」とは呼んでいなかった。かれらは「富豪」や「王国」であった。いったい、かれらが「財閥」と呼ばれるようになったのはいつごろからなのか。すなわち、かつての「富豪」や「王国」が「財閥」という用語に置き換えられ、そして定着しはじめたのはいつごろからなのか。

この点に関して、森川英正『日本財閥史』はそれを「明治末期」からという。「〔かつて〕出身地を同じくする資本家たちのグループが財閥と呼ばれた……それが、明治末期から、出身地ともグループとも関係なく、日本経済に強大な影響力を及ぼし得る富豪を個々に財閥と称するように変化していった」（一五頁）、と。なるほど、たしかに明治の末ごろには三井や三菱（岩崎）などの富豪たちは積極的に家政改革に取り組み、本体を法人化するなどの新たな動きを見せはじめた。しかしながら、当時の新聞や雑誌などのジャーナリズムはそれらをまだ「財閥」とは呼んでいなかった。

この点について、栂井義雄『財閥と資本家たち』はつぎのように語っている。「三井財閥、三菱財閥というように〈財閥〉なる言葉が使われるようになったのは、大正の後半以後である。明治時代には三井、三菱は〈富豪〉とか、〈三井、三菱の金権〉とかいわれ、また大正時代にも三井王国、三菱王国という言葉はさかんに使われたが、しかし三井財閥、三菱財閥という言葉は大正後半になるまでは殆ど使われていなかった」（一五三頁）、と。さらには、柴垣和夫『三井・三菱の百年』もつぎのように述べていた。「厳密にいうと、かれらは明治の初期には政商と呼ばれ、のちには富豪、大正末期からは財閥、戦後は資本グループあるいは企業集団と呼ばれている……財閥の呼称の変遷も、こうした日本資本主義の局面の変化に対応した、かれらの存在形態の変化を表現しているのである」（五頁）、と。

あるいは、橘川武郎『財閥と企業グループ』は、コンツェルン概念に関する議論との絡みから、「第一次大戦前後の時期にコンツェルン化した「財閥と称される企業群」を、明治期から第二次大戦期まで一貫して財閥と定義づけることには、そもそも論理上の無理がある」（四頁）、ことを指摘している。

「富豪」から「財閥」へ

おそらく「富豪」から「財閥」への呼び名の転換には猶予期間があって、徐々に進んだのであろう。というのは、かつての（地域名を冠した旧い）「財閥」の語は大正期全体を通しても「財界」「経済人」などの意味をもって生き続けていた。しかし、ようやく一九二〇年代中葉にもなると、それら旧い用語はかつてとは「だいぶちがつた意味を持つ」新たな「財閥」として生まれ変わり、「富豪」「王国」などから徐々に置き換えられはじめた。

たとえば、「財界」や「経済人」などの意味をもつ「財閥」としてつぎのような記事が見られる。「財閥、就中此等被保護事業は其の生命の一部を国家の政策に托せる結果として、自然重役頭目の取扱ふ要務の半は政治関係に属し、云々」（『東洋経済新報』一九一四年一二月五日）、あるいは、「東京市を喰い物にしたる旧常磐会の醜類を中堅として、之に彼の財閥党が参加……彼の財閥党なる者ハ何れも電気や瓦斯に関係を有し……」（「万朝報」一九一六年三月九日）、など。あるいはまた、「財閥の盛立つる処となつて遂に電車賃の引上げを行つた奥田東京市長は、又々水道税の引上げを目論でをる」（『東洋経済新報』一九一六年八月二五日）、など。さらには、「名古屋の財界では旧来の名古屋人と外来人とが財閥を造つて居るが、その勢力範囲は相応に異つたものがある」（「大阪毎日新聞」一九二四年七月二九日）、などなど。これらの記事に登場する「財閥」の語は、「財界」または広く経済界やその人脈の意味として使われていたように思われる。

いったい「富豪」が「財閥」と呼びかえられたのはいつごろからなのか。当時の新聞記事や雑誌を見てきた限りでは、それは時代が大正から昭和へと変わる時期、つまりほぼ一九二〇年代後半の時期であったろう。その時期には、一部の少数富豪たちによる事業経営は長い不況期にもかかわらず、いや不況期であったからこそ、他を圧倒しつつあった。そして何よりも、それは、かれらの事業全体が「持株会社」（合名会社や合資会社など）によって統括され、かれらによる経済力集中の実態が明らかとなりはじめた時期であった。その時期より以前にはジャーナリズムは「財閥」と呼ぶことはほとんどなかった。むしろ、「イエ」や「家業」という性格を反映させた用語として「富豪」と呼ぶのが普通であった。

つまり、その時期というのは、すでにそれまでの家業（個人企業）の形態は一つの事業機構へと変わっていたが、その変化が世間に明確に認識されはじめた時期であった。換言すれば、それまでの家業が部門ごとに分社化され、それら傘下会社を持株会社（財閥本社）によって統括するという、ピラミッド型の事業体の全貌が明らかになってから以降のことだったのではないか[7]。

要するに、かれらが「財閥」と呼ばれ出した時期とは、日本経済の近代化の性格が変化しはじめた時期、すなわち、ようやく富の独占集中が誰の目にも明らかになってから以降のことではなかったのか。「財閥」という言葉遣いには、もとより独占集中や経済力支配などに対する批判・非難のニュアンスが色濃く含まれている。日本経済の構造は第一次大戦ブームを経たのち、一九二〇年代の不況期に入ったころから変化しはじめた。とくに金融恐慌（一九二七年）などの混乱を経るなか、多くの富豪たちの内から抜きん出た少数の巨大富豪が出現しはじめたのであり、かれらによる富の独占集中が世間で取り沙汰され出してから、ジャーナリズムはかれらを「財閥」と呼びはじめた。

四　「財閥」という名の定着

第一次大戦は日本経済に未曾有のブームを引き起こした。好景気の波に乗って、富豪たちの事業（家業）もまた大いに発展し、かれらの資産規模は急拡大していった。そのなかで、大戦期をはさむほぼ一九一〇年代を通して、それまでの個人経営だった事業は相次いで合名会社や合資会社の形態へと転換されていった。持株会社の設立によるいわゆる「コンツェルン形成運動」であり、「時代の流行のようなかたちで持株会社が作られ」（武田晴人『財閥の時代』、一一五頁）た。

表1-1　持株会社の設立

1909	三井合名
1912	(名)保善社
1914	浅野合資
1915	渋沢同族
1916	(資)岩井本店
1917	三菱合資　古河合名　(名)大倉組　(名)藤田組　森村同族
1920	山口合資　(資)川崎総本店　大川合名　(名)久原本店
1921	住友合資　鴻池合名
1922	野村合名
1923	鈴木合名

出所：武田晴人「資本蓄積（3）財閥」大石嘉一郎編『日本帝国主義史（1）』(東京大学出版会、1985年)、247頁、橘川武郎「第一次大戦前後の日本におけるコンツェルン形成運動の歴史的意義」、34頁。

表1－1は持株会社の設立を一覧したものである。橘川武郎（「第一次大戦前後の日本におけるコンツェルン形成運動の歴史的意義」）によれば、それは「一九〇九年の三井合名の設立に始まり、二三年の鈴木合名の設立でひとまず終了した」、という。大富豪たちの事業は部門ごとに株式会社として分社化されたのであり、本体はそれら全体を統括する「持株会社」としての機能を発揮しはじめた。一九一〇年代にこうした改革が急速に進んだ背景には当時の税制改正の影響が大きかった。いわゆる「法人成り」することによる節税対策である。あるいは、むしろ「家業」を株式会社化することによる有限責任制の導入や、もしくは傘下事業のイエからの切り離し（「所有と経営の分離」）が求められたことがあった。

「有力な少数の富豪」　未曾有の活況にわいた戦後ブームが去ったのち、日本経済の状況は一九二〇年代に入るや一変する。すなわち、「恐慌から恐慌へよろめいた十年間」といわれるように、戦後反動恐慌（一九二〇年）からはじまって関東大震災（一九二三年）、金融恐慌（一九二七年）、そして昭和恐慌（一九三〇年）へと日本経済の舞台は暗転していった。この間、事業経営に失敗して整理撤退する企業も少なくなく、とくに金融恐慌によって多くの銀行が破綻した。それらの撤退事業や破綻銀行の多くは生き残った少数の強者によって吸収され再編整理されていった。とりわけ、この間にいわゆる五大銀行への資金の集中が進んだ。表1－2に見るように、全国普通銀行に占める五大銀行の比率は金融恐慌以後に高まりつつあった。

当時の「東京朝日新聞」（一九二七年一二月九日）はいう。「日清、日露の戦争によつて頭を持ちあげた成金、富豪のうち、多数はその戦後に来る恐慌で振り落された。そして極く少数のものゝみが存続し、財界に非常な力を築くことゝなつた。しかるに欧州大戦がくるにおよんで、又多数の成金、富豪が飛び出すに至つた」、と。続けて、「しかしこれ等の成金、富豪の多数も又振

表1-2　五大銀行への集中

年末	五大銀行合計（百万円）			全国普通銀行合計に占める割合（%）		
	払込資本金	預金	貸出金	払込資本金	預金	貸出金
1900	14	78	77	5.8	17.8	11.6
10	37	255	215	11.7	21.5	17.2
20	178	1,570	1,236	18.5	26.9	20.9
25	283	2,106	1,628	18.9	24.1	18.4
26	283	2,233	1,788	18.9	24.3	20.7
27	291	2,818	1,940	19.6	31.2	24.3
28	291	3,130	1,935	21.1	33.5	25.6
29	323	3,210	2,013	23.4	34.5	27.8
30	323	3,187	2,009	24.9	36.5	29.5
31	323	3,169	2,062	25.9	38.3	31.3
32	323	3,430	2,072	26.5	41.2	33.0
35	323	4,225	2,295	28.5	42.5	37.1

注：五大銀行は三井・三菱・安田・住友・第一。
出所：後藤新一『日本の金融統計』（東洋経済新報社、1970年）。

り落されねばならぬ運命にあつた。そしていよ〳〵有力な少数の富豪のみが残ることが、資本主義が爛熟する必然の運命であつた」、のだと。あるいは、「大阪朝日新聞」（一九三三年八月三〇日）は「資本集中への歩み」と題した記事でいう。「銀行の集中は他面において金融活動の大銀行集中を意味する。またそれあるがため銀行の集中が余儀なくされるのだ。特にこの傾向は財閥をバックとする五大銀行に著しい」、と。

『日本財閥の解剖』

さて、その書名において明確に「財閥」を掲げた高橋亀吉『日本財閥の解剖』が刊行されたのは一九三〇（昭和五）年のことであった。その序文は「日本経済に於ける少数財閥の支配力は何人も意外とする程に甚大だ」、ではじまる。同書には三井、三菱、住友、安田（以上は「王国」とも呼ばれている）のほかに、浅野、大倉、古河、川崎などの「財閥」が取り上げられていた。

すでにふれたように、昭和恐慌（一九三〇年）は、貧困に苦しむ一般庶民の対極に富の集中者としての財閥ピラミッドの巨大な姿を浮き上がらせた。そのコントラストのなかで激しい「財閥批判」の声が巻き起こり、新聞にも大きく報道された。三井合名会社理事長の団琢磨が白昼暗殺（一九三二年）されるなど、行動右翼や軍部若手将校からの攻撃も顕在化し、それらの結果としていわゆる「財閥転向」が余儀なくされた。当時に唄われた「昭和維新の歌」（三上卓）は、「権門上に傲れども国を憂ふる誠なく／財閥富を誇れども社稷を念ふ心なし」と、当時の雰囲気を伝える。この歌が作詞されたのもやはり一九三〇年のことであった。

また、同年の「読売新聞」をみると、「財界の不況は遅かれ早かれ所謂合理化、即ち広い意味に於ける財界の整理を催進しないでは置かない」として、「其の結果、既存の産業が次第に大分解を起して……三井か三菱かに直接若しくは間接に従属する……さうなつて仕舞うと貧富の懸隔から来る階級意識が三井三菱対世間と云ふやうな際どいものとなるので、最近三井の最高幹部間に於いては……従来の如くむやみに露骨な合併又はコンツェルンと云ふやうなことはできるだけ控へなければならぬといふ説が勢力を得て来て居る」（三月二九日、ゴチックは原文）、と報道していた。あるいは、「新築地劇団五月公演」について、「出し物は高田保の新作〈肥りゆく〉を上演するが、之は三井三菱の両大財閥等が明治維新を振出しにグン〳〵と其の懐を肥して行った筋道を完膚なく剔抉した謂はゞ社会裏面暴露劇……」（四月二〇日）、などとも報じていた。同じころに刊行されている金澤庄三郎『廣辞林』改訂版（一九三四年、三省堂）をみても、「財閥」とは「財界に於ける或勢力を中心としたる朋党、例へば三菱系といひ三井系といふ類」、とある。

　こうして、かつては「富豪」や「王国」と呼ばれてきたものが、一九二〇年代半ばごろからしだいに「財閥」の語によって置き換えられはじめた。そして、そこに一九三〇年代初頭からの「財閥批判」をめぐる世相が重なり合うなかで、それまでネガティブな響きの「財閥」という表記を多少とも憚ってきた新聞等も一斉にそれを使いはじめたのである。その結果、「財閥」の語はいよいよ世間に定着し、一挙に社会用語として広がっていった。

財閥論の見直し

　いうまでもなく、「財閥」はネガティブな響きをもつ用語である。安岡重明

「財閥総論」(『経営史学の二十年』)によれば、かつて「財閥は独占資本とか金融資本とか日本型のコンツェルンという説明が与えられた。そしてこの用語は日本経済を支配する独占企業体とその出資者家族とを批判するために用いられることが多かった」(一〇六頁)、という。財閥は巨大な富の集中者であり、すでに一九二〇年代の後半になると一般大衆の貧困の対極の位置にあった。また、のちになると戦争や軍需産業などとも結びつけられて、第二次大戦の敗戦によって存在そのものを否定され「解体」される運命にあった。

しかし、他方では、第二次大戦後に、主として歴史学の分野から財閥論の見直しがはじまった。財閥こそは日本経済の近代化や工業化において歴史的な役割を担った資本である、として積極的にとらえようとする議論であった。そして、議論を展開するためにも、「財閥」とはいったい何か、その概念を学術的に鍛え直すことが行われた。そこには、「財閥」という言葉はジャーナリズムの俗語にすぎぬからそのままでは使えない、という雰囲気もあった。よく知られるのは、経営史学会(一九六四年設立)における「財閥」の定義論争である。

学会での「財閥」をめぐる定義論争はその分析対象の範囲を限定する必要性から生じた。曖昧な「財閥」という社会用語について、その範囲を限定することなしには前へ進めない。当初、「財閥」をめぐっては二つの有力な定義が提示された。すなわち、森川英正(『日本型経営の源流』)によるならば、「財閥はジャーナリズム用語だから厳密な定義は存在しない」としながらも、できるだけゆるやかに、「家族ないし同族が封鎖的に支配する多角的事業経営」とシンプルに規定された(二〇頁)。他方で、安岡重明(「日本財閥の歴史的位置」)によるならば、「財閥とは、家族または同族によって出資された親会社(持株会社)が中核となり、それが支配している諸企業(子会社)に多種の産業を経営させている企業集団であって、大規模な子会社はそれぞれの産業部門において寡占的な地位を占める」(一四頁)、であった。これら二つの定義には、共通して二つの要素が、つまり、①家族同族支配および②事業多角経営体、が入っている。両者ともに二要素が軸をなしているが、安岡定義にはさらに「持株会社」や「寡占」という要素が加わっていた。(8)

議論に深入りすることは避けよう。ここでは、「財閥」の定義論争から少し離れて、実際社会において使われてきた「富豪」は一体なぜ「財閥」へと呼称変更されたのか、あるいは、いつ何が変化したから新たな呼び方が求められるようになったのか、という観点から少し考えてみたい。

もとより富豪たちの事業は家業であり、いずれにおいても家族同族支配であった。それらの内、大富豪の事業はとくに「王国」とも呼ばれていたが、さらには「財閥」へと名を変えてきた。その背景には何があったのか。つまり、大富豪の事業が旧来の「家業」としての性格を脱し、水平的にも大いに多角化し、持株会社による管理(コンツェルン)をスタートさせ、さらには独占的な経済力を備えるようになった、という変化があったからではなかったのか。さきの安岡定義はこれらの諸要素についても重要視したのであり、それらを律義に含み込もうとしたために冗長な表現にならざるをえなかった。

他方で、森川英正(『財閥の経営史的研究』)は、さきの自らの定義では「小規模な家族経営のものまで含まれるのではないか」という批判の声に応えて、その冒頭部分に「富豪の」という限定を追加した上でいう。「私は、財閥を、『富豪の家族ないし同族の封鎖的な所有・支配の下に成り立つ多角的事業経営体』と規定する」（四頁）、と。実際には、せっかく「富豪の」と限定詞を付け加えたところで、富豪にも大小さまざまなものがあったから内容的には大して変わらない。しかし、この森川定義は「財閥」の最小限必要な要素だけを押さえようとしたシンプルな規定であって、箇にして要を得た定義だといえるであろう。

しかしながら、である。森川『財閥の経営史的研究』はそう定義した上で、「財閥を金融資本、独占資本と規定することはしない」、「財閥をコンツェルンと同一視する見解にも与しない」と強調して、その理由をつぎのように述べている。つまり、なぜなら「コンツェルン形態をとる以前においても、三井、三菱等々は財閥であったのだから」（同頁）云々、と。なるほど、「三井、三菱等々」の歴史をさかのぼって考えれば、それ以前の歴史をも含めて「財閥の歴史」ということになるのかも知れない。しかしながら、これまで見てきたように、「コンツェルン形態をとる以前」には新聞や雑誌などのジャーナリズムは「三井、三菱等々」のことをまだ「財閥」とは呼んでいなかった。それらはあくまで「富豪」や「王国」であった。そして、「財閥」と呼ばれはじめた時期は、これまで検討してきたように、むしろ「コンツェルン形態をとってから以降」のことであった。

よく知られるように、財閥はしばしば「財閥コンツェルン」とも呼ばれた。財閥本社（合名会社や合資会社）は持株会社であり、家族同族が所有する持株会社を頂点として、財閥はピラミッド型の巨大な事業機構を築いていた。橘川武郎（『財閥と企業グループ』）が指摘するように、「第一次世界大戦前後から一九二〇年代にかけての時期に日本の財閥はコンツェルンの形態をとるようになった」。さきに表1－1に見たように、一九〇九年の三井合名の設立に続いて、安田の（名）保善社が一九一二年、古河合名一七年、浅野同族一八年、住友合資二一年、鈴木合名二三年、などであった。三菱合資や（名）大倉組の設立は一八九三年と例外的に早かったが、それらはまだ内部に諸事業を営む組織体にすぎず、やはり「それらが持株会社として機能し始めたのは、それぞれ一九一七年と一八年のことであった」（同、三三頁）、という。

財閥と持株会社　高橋亀吉・青山二郎『日本財閥論』（日本コンツェルン全書（二））はつぎのようにいう。「我が財閥の持株会社による事業支配形式、即ち近代的コンツェルン組織化が、何れも欧州大戦中及びその直後に行はれてゐることは、一面、税制上これを著しく有利ならしめた刺戟によるが、それはそれとして、財閥機構の完成を語るものとして極めて注目すべき事実であつて、それは同時代に於ける財閥事業の飛躍的発展に対し正に点睛的意義を持つものに他ならない」（一九頁）と。あるいは、自らの事業機構のことを「財団」と呼んでいた住友の「財団ニュース」はいう。「財団の機構に横はる一つの特質は其傘下に群る凡百の諸会社を統制するため大抵一つの有力な元締会社が存在することである……我国で子会社に対して用ひられる〈親会社〉が之であつて財団に於ける各種事業の母体として、又経営方針の中枢として極めて重要な機関と断じてよい」（第八輯、一九三四年二月）と。

持株会社はこのように財閥本社として傘下の株式会社を統括しはじめた。それら傘下の諸事業は、もともと官業払下げや事業買収などによって取り込まれたものも含まれるが、主には本体（家業）から枝分かれすることによって設立されたものが多かった。すなわち、財閥によって一様ではないものの、その主要な骨格部分は本体（家業）からの分社化によって形作られていた。武田晴人「大企業の構造と財閥」（由井常彦・大東英祐編『大企業時代の到来』）もいう。「一九一〇年代に各有力事業家たちが持株会社の設立によって傘下事業を「分社化」していく傾向にあったことは、当時の経営的な技術・手段などからみて……それらの事業を一企業内に包摂するよりも「分社化」することの方が合理性が高いと判断されたとみてよい」（一〇三頁）。この分社化ということに関連して、高橋亀吉『日本財閥の解剖』は財閥の旧来からの「鎖国主義」を取り上げており、つぎのように述べていた。「わが財閥の多くは、これ迄その財閥一家の事業内に立籠り……財閥の事業は文字通り、厳重なる鎖国主義を永く続けて来た」。それが、「大体に欧州戦争を画期として、財閥の此の鎖国主義は漸くに破られ、爾後、財閥の事業経営法は著しく開放的となるに至つた」（三頁）、と。かれは第一次大戦前後の持株会社の設立と、それによる「自己事業の開放」（四頁）を大きな転機としてとらえていたのである。

すなわち、持株会社の設立はこれまでの「家業中心」体制からの開放のきっかけとなった。加えて、持株会社は傘下の事業会社をたんに管理統括（企業統治）するだけにとどまらなかった。持株会社は、既存の他企業を傘下に買収する受け口ともなり、あるいは新規事業へ進出するための拠点にもなっていく。(9) さらに、それは、これまでの集権的な管理の枠組みに分権的な手法をも加えた一つの新たな組織機構としての体裁を事業全体に与えたのである。

このようにして、持株会社が形成されて後のほぼ一九二〇年代を通して、日本経済では経済力の集中が大いに進展することとなった。富の独占集中が加速化されて、一部の大富豪たちを「財閥」という言葉で呼び変えることがいよいよ現実味を帯びはじめたのである。その後、「財閥」は、一九三〇年代から戦時統制経済の時期を通じて、敗戦直後に解体されるまでの、短いがしかし波乱に満ちた生涯を送ることになっていく。

五　「地方財閥」と富豪

さて、第二次大戦後になって、『大日本国語辞典』の後身たる小学館『日本国語大辞典』（第一版、一九七四年）には、「財閥」はつぎのように説明されていた。すなわち、「①財界に勢力のある大資本家、大企業家の一族一門。②ちょっとした金持ちをいう。」とある。この「②ちょっとした金持ち」という表現が面白い。たしかに財閥そのものの生涯は第二次大戦の敗戦後に閉じられたが、「財閥」という語の通俗的な意味での「ちょっとした金持ち」という使い方は今日にも生きている。

同辞典の第二版（二〇〇一年）にも内容はほぼ同じままに踏襲されたが、①の後半部分には、「同族支配に特徴付けられた封鎖的な多角的事業経営体。」という説明が付け加えられた。いうまでもなく、学会での議論を反映している。

また、岩波書店『広辞苑』で「財閥」をみると、その初版（一九五五年）では「財界における勢力ある資本家・企業家の一団。また、大資本家の一族・一門から成る投資機構。コンツェルンの同義語としても使われる。」とされていた。第二版（一九六九年）では、「巨大な独占的資本家・企業家の一団で、一族・一門から成るもの。戦前の日本の経済界を支配した三井・三菱・住友・安田など。コンツェルンの同義語としても用いる。」と具体的に説明されるようになり、ほぼこの内容が第三版（一九八三年）以降でも踏襲されてきた。ただ、第五版（一九九八年）からは「俗に、金持ちの意にも用いる。」がつけ加えられている。さらに第六版（二〇〇八年）では「家族・同族が所有・支配する多角的事業経営体」という表現に内容修正されており、これも学会での議論を反映したものとなっている。結局、最新版の第七版（二〇一八年）では、「財閥」とは「①巨大な独占的資本家・企業家の一団で、家族・同族が所有・支配する多角的事業経営体。戦前の三井・三菱・住友・安田など。俗に、金持ちの意にも用いる。②コンツェルンの同義語。」となっている。

地方財閥は「地方の富豪」　以上、本章ではここまで「財閥」という言葉そのものにこだわって見てきた。こうして見てくると、「財閥」という言葉は、そもそもは「同郷人による事業閥」を意味していた。それが、或る時期からは「大資本家、大企業家の一族一門」へと、「だいぶちがった意味」をもつように変化してきたことがわかる。あるいは、派生して俗に「ちょっとした金持ち」をもいうようになり、さらには、「大資本家、大企業家の一族一門」という内容そのものが学術用語としても精緻化されて、当初の森川説がいうように「家族・同族が封鎖的に所有・支配する多角的事業経営体」へと変化してきたことがわかる。

ところで、前掲の森川英正『財閥の経営史的研究』(序論)はいう。「財閥を私のように規定すると、あまりにも一般的になりすぎるのではないか、という批判も聞こえるけれども、私はそれだからよいのだと考える。実際、財閥は、一流・二流・大・中・小・中央・地方といった多様な層から成り立っていた」のだと。あるいは、いう。「財閥を戦前日本経済を支配していた巨大独占体あるいはビッグ・ビジネスという狭い範囲に限定する論者たちは、たとえば、地方財閥は財閥でないとでもいうのであろうか」と。

しかし、である。これまで述べてきたように、「財閥」はそう呼ばれる以前(ほぼ一九二〇年代半ば)までは、ほとんどが「富豪」で通されていた。新聞や雑誌などジャーナリズムでは「財閥」という語はほとんど使われることなく、とくに大富豪は「王国」とも呼ばれていたのである。つまり、「一流・二流・大・中・小・中央・地方といった多様な層から成り立っていた」のは、実際には、「財閥」というよりはむしろ、まさしく日本の近代化のプロセスの中でそれぞれの事業を展開してきた数多くの「富豪」たちであった。したがって、逆に問うならば、かれら「地方の富豪」たちのことを、一体なぜに「地方財閥」などと名づけたうえで「財閥」の一種として閉じ込めねばならないのか、ということになる。

なるほど、森川説は「財閥」をより広くとらえようとしており、地方に拠点を置いた富豪たちのことを呼んで「地方財閥」と名付けるのは勝手なことなのかも知れない。たしかに地方の富豪や資産家たちの事跡を解明するのは有意義な作業ではあろう。また、かれらを「財閥」と呼ぶかどうかは、何を明らかにせんとするのか、その目的によっても決まってこよう。しかしながら、森川説のいうように、それらの呼び名が「地方財閥という財閥」なのであるから、それらも「財閥」の定義部分に反映せねばならないというのでは、順序がまったく逆である。

前掲の武田晴人『異端の試み』も指摘している。「財閥と言わなくてもいい。地方事業家といえばいい。実業家でもいいし、事業家でもいい。工業財閥とか産業財閥とかいう必要はない……なぜ地方財閥といわなければならないのか」(二七五頁)、と。あるいは、渋谷・加藤・岡田『地方財閥の展開と銀行』はいう。「この地方財閥研究……とくに注目を要するのは、近年、経営史学の立場からこの分野にメスを入れ、体系化をはかった森川英正『地方財閥』(日本経済新報社、昭和六〇年)の業績である……だが、財閥という概念は独占性または寡占性を前提とするが、地方財閥にはその条件に乏しく、したがって、それは巨大財閥からの類推概念にすぎない」(はしがき)と。

すなわち、いま仮に、「財閥」をどう定義するかは基本的にその研究目的の如何によっているのだとしよう。しかしながら、名こそ同じ「財閥」と呼ばれているからという理由で、大小様々かつ千差万別な「地方財閥」をもそこに含めて一つに論じようとするのには無理があろう。いったい全体、この「地方財閥」、あるいは「新興財閥」などという呼び名は誰による造語(類推概念)なのであろうか[10]。

以上要するに、かつての「富豪」は或る時期をもって「財閥」と呼び名を換えられたが、その歴史背景にはいったい何があったのか。それはまさしく、多くの富豪たちのなかから、他とは隔絶した規模や経済力をもつ大富豪が出現しはじめ、あるいはその一部は「王国」とさえ呼ばれて、巨大なる独占体として別して注目されたからではなかったのか。「財閥」の語は、そのインパクトの大きさゆえに漠然と明治期以降の経済史を一貫して使われていたかのように考えられてきた。しかし、実際には、その語が世間に広まり、ジャーナリズム用語として使われはじめたのは一九二〇年代後半からのことで、意外なことにそんなに早くはなかった。その意味で、「財閥」は一つの時代が使わせた言葉であった。「財閥」の語を「戦前日本経済を支配していた巨大独占体あるいはビッグ・ビジネスという狭い範囲に限定する」のにも、それだけの理由があったわけである。

いずれにせよ、こうした議論の混乱はすべてが、一体いつから「財閥」だったのかを曖昧なままに放置してきたことに起因しているように思われるのである。

注

（1）「反財閥感情」については、高橋亀吉・青山二郎『日本財閥論』の「反財閥感情の堆積と其の諸側面」を参照。

（2）「戦前すでに、この三つの財閥をならべてよぶことはおこなわれていたが、三井、三菱の間にも差があり、住友は、この両者との間にさらに差があった」（脇村義太郎「住友家の人々」、三頁）。また、江戸英雄によれば、「私が合名に入ったころ〔一九二七年〕の三井財閥は、三菱、住友を大きく上回り、大ざっぱにみて三井六、三菱四、住友三といった感じであった」(『私の三井昭和史』、二一一頁)。なお、同書の改訂版『三井と歩んだ七〇年』(朝日文庫、七六頁)、では「三井六、三菱三、住友二」と数字が変更されている。また、田中良雄(戦時中に住友本社人事部長や常務理事)は回想する。「昔は、よく人が財閥の話をすると、すぐ三井・三菱・住友と三社を挙げて三大財閥と言っていた……三社の財力は何となく、三井の財力が最も大きく、その次が三菱で、三番目が住友だと考えていたが、実はその差がこんなにあろうとは思わなかった。而も、何となしに三井・三菱・住友が対等で、互角の態度で以て財界を闊歩していたという印象を与えていたのは一体どうしたわけであろうか」(田中良雄『人間育成』、五一頁)。

(3) 住友合資会社の常務理事であった川田順は辞職(一九三六年)に際して次のようにいっていた。「三十年の私の体験が語る所によれば、住友は人の一生を託するに足る最も立派な事業団体なのであります。何故に住友が一生を託するに足る団体結社なるか」、云々、と。「告別と追憶」『井華』第二四一号。

(4) 「財閥」は見出し語には出ないが、たとえば「三井家」という見出し語の下には、「三井家は徳川時代よりの富豪で、現代我国第一の財閥」と記されている。

(5) 「政商活動も鉱山経営も、財閥形成に必要な富を保証する貴重な出発点ではあるが、それらだけが財閥の起源ではなかったし、また、それらを起点とする財閥も、起点に止っている限り財閥として発展することはできなかった……巨富を蓄積した富豪が、それらの起点を離脱し、あるいは乗り越えて、工業経営を含む多角化戦略の追求に転換した時期は明治二〇年代から三〇年代初期にかけてであった」。森川英正『財閥の経営史的研究』、九〜一一頁。

(6) 「富豪」については、たとえば永谷健『富豪の時代』がある。

(7) たとえば住友の場合について、「いったい住友では、事業は住友家の個人事業という観念が大正時代でもなお強くあり、銀行やその他二、三の事業が株式会社組織になっていても、それは、その事業経営上の特殊事情でそうなっているのであって、本来は住友家の事業だと皆な思い込んでいた」。平塚正俊「住友のこと」

『日本経営史講座（月報二）』（日本経済新聞社、一九七六年）。しかし、「第一次世界大戦が起こると、住友の事業は飛躍的発展をとげ、大戦後の大正十年ごろには「財閥」の実質と形態とを整えるようになった。つまり住友合資会社という住友一族の持株会社兼事業会社の下に……子会社を持つ大きな組織となった」。三宅晴輝・栂井義雄『三井・三菱・住友』、二〇九頁。また、「以上之を要するに、大戦当時の財界空前の沸騰期に於ける躍進、次いで、其後の恐慌期に於ける已成事業の傘下吸収を加へ、大財閥の事業規模は、茲に縦にも横にも前代と比較にならぬ文字通りの隔世的飛躍を遂げた。而も、それに照応してこの間に財閥機構の上でも近代的コンツェルン組織化が出来上がり、かくて、今日の既成財閥はいづれも総合的独占体として現に見られる如き姿態を示すことになつた」。前掲、高橋・青山『日本経済論』、二一一頁。

（8）のちに安岡定義のなかから「寡占」要素は後退していく。財閥の定義論争については、春日豊「財閥論」。また、鈴木邦夫「財閥・ファミリービジネス」、など。武田晴人『異端の試み』は、「財閥」について、「何を分析するかが一番重要なことで……定義で争っても何の意味もない」、「私は寡占的という点は定義からははずさない」とした上で、「財閥の時代がいつかを考えたら、私は戦間期だと思う……経済全体からみて代表的な時期に、どういう特徴をもっていたかを説明できる方がいい」（二六九～七三頁）、と述べている。

（9）岡崎哲二『持株会社の歴史』は企業統治や内部資本市場の点から財閥本社の役割を論じている。

（10）一九三〇年代前半に注目を浴びた日窒、日曹、森、理研などの企業グループ（新興コンツェルン）を「新興財閥」と呼ぶことへの疑問として、大塩武「新興コンツェルン」、また、下谷政弘『新興コンツェルンと財閥』、など参照。鶴見誠良「第一次大戦期重化学工業化と「新興」財閥の資金調達機構」では、いわゆる「旧財閥」と一九三〇年代の新興コンツェルンとの中間に位置して「第一次大戦期重化学工業化」を推進した資本として、「鈴木・松方・久原・浅野・古河などの非支配的な二・三流の投機的冒険的資本家群＝大戦期「新興」財閥」を検討している。なお、武田晴人『日本経済の発展と財閥本社』では、「筆者は、山崎広明の「財閥とは、中心的産業の複数部門における寡占企業を傘下に有する家族を頂点とした多角的事業形態」という規定に近」い、と述べたうえで、「このように規定した分析では「二流」とか「新興」、「地方」を冠した「財閥」は除外される可能性が高くなる」（二〇頁）、としている。

岩崎徂堂『富豪名門の家憲』博学舘、一九〇八年
江戸英雄『私の三井昭和史』東洋経済新報社、一九八六年
大阪萬朝報社『関西四大富豪と其事業史』大阪萬朝報社、一九一九年
大塩武「新興コンツェルン」『社会経済史学』第四七巻第六号、一九八一年
岡崎哲二『持株会社の歴史』ちくま新書、一九九九年
春日豊「財閥論」中村政則編『近現代日本の新視点』吉川弘文館、二〇〇〇年
橘川武郎「第一次大戦前後の日本におけるコンツェルン形成運動の歴史的意義」『青山経営論集』第二二巻第一号、一九八七年
橘川武郎『財閥と企業グループ』日本経営史研究所、二〇一六年
高橋亀吉『日本財閥の解剖』中央公論社、一九三〇年
高橋亀吉・青山二郎『日本財閥論』日本コンツェルン全書（一）、春秋社、一九三八年
田中良雄『人間育成』四季社、一九五五年
栂井義雄『財閥と資本家たち』学風書院、一九五六年
静田均「財閥考」『経済論叢』第六四巻、第四・五・六号、一九五九年
柴垣和夫『三井・三菱の百年』中公新書、一九六八年
渋谷隆一・加藤隆・岡田和喜編『地方財閥の展開と銀行』日本評論社、一九八九年
下谷政弘『新興コンツェルンと財閥』日本経済評論社、二〇〇八年
鈴木邦夫「財閥・ファミリービジネス」経営史学会編『経営史学の五〇年』日本経済評論社、二〇一五年

武田晴人『財閥の時代』新曜社、一九九五年
武田晴人「大企業の構造と財閥」由井常彦・大東英祐編『大企業時代の到来』岩波書店、一九九五年
武田晴人『異端の試み』日本経済評論社、二〇一七年
武田晴人『日本経済の発展と財閥本社』東京大学出版会、二〇二〇年
靏見誠良「第一次大戦期重化学工業化と「新興」財閥の資金調達機構」『経済志林』第四二巻第三号、一九七四年
栂井義雄『財閥と資本家たち』学風書院、一九五六年
永谷健『富豪の時代』新曜社、二〇〇七年
野田一夫『財閥』中央公論社、一九六七年
橋本寿朗「高橋亀吉の財閥論」『証券研究』第八九巻、一九八九年
橋本寿朗「財閥のコンツェルン化」橋本・武田晴人編『日本経済の発展と企業集団』東京大学出版会、一九九二年
旗出勲『日本の財閥と三菱』楽游書房、一九七八年
藤山獏郎『大阪財閥論』集英舘書店、一九二五年
三宅晴輝・栂井義雄『三井・三菱・住友』要書房、一九五三年
森川英正『日本型経営の源流』東洋経済新報社、一九七三年
森川英正『日本財閥史』教育社、一九七八年
森川英正『財閥の経営史的研究』東洋経済新報社、一九八〇年
森川英正『地方財閥』日本経済新報社、一九八五年
安岡重明「日本財閥の歴史的位置」同編『日本の財閥』日本経済新聞社、一九七六年
安岡重明「財閥総論」経営史学会編『経営史学の二十年』東京大学出版会、一九八五年

山路愛山『現代金権史』服部書店、一九〇八年
横山源之助『明治富豪史』易風社、一九一〇年
脇村義太郎「住友財閥の人々」『経営史学』第一巻第三号、一九六六年

第二章　財閥とコンツェルン

――いわゆる財閥考（承前）――

一　「財閥」「財団」「コンツェルン」

かつて三井、三菱、住友などの財閥は「コンツェルン」とも呼ばれていた。前章でもみたように、辞書類の多くは「財閥」は「コンツェルンの同義語」ともしていた。この「コンツェルン」というカタカナ語が日本へ入って定着したのは第一次大戦後のことである。その後、一九二〇年代から三〇年代にかけて、多くの経済学者や法学者たちが本家ドイツでの論争の経緯を踏まえながら「コンツェルン」について論じている。その論客たちの一人に目崎憲司がいた。

目崎憲司の論文「コンツェルンに関する若干の考察」（『経済学論集』第四巻第七号、一九三四年）は、海外の研究者たちのコンツェルン論に検討を加え、自らの所説を導いた包括的な内容の論攷である。かれはいう。「欧州大戦後に於ける企業協合運動に付き最も重要なる役割を演じたる形態はコンツェルンであ」る。また、「欧州大戦直後のコンツェルン運動は主として経営合理化を目的として進展した」と。そして、かれはつぎのように定義を下している。「コンツェルンとは法律上独立せる企業の結合体にして、其の形成方法が比較的軽度の資本集中に存するか、若くは資本集中と組合結成との中間性を有するものを謂ふ」(二〇一頁)と。

目﨑憲司　じつは、この目﨑憲司という人物は大学や研究所などの研究機関に所属する研究者ではなかった。生粋の住友人であった。脇村義太郎「住友財閥の人々」(『経営史学』第一巻第三号、一九六六年)によれば、「住友の人々は筆をもって立つ人、あるいは自らを筆にする人々が他の財閥とくらべて甚だ多いといわねばならぬ」という。たしかに、住友にはかつて経営幹部をつとめた人物たちの自伝や伝記類も多く、また、川田順、源氏鶏太、山口誓子など文人の名はよく知られている。住友家十六代当主の住友吉左衛門(友成)その人もアララギ派の歌人(泉幸吉)として自ら歌集を出している。脇村はそれら文人たちの列に加えて、「経済学者には目﨑憲司や大島堅造がいる」(五頁)、と述べていた。

目﨑憲司(一八九三〜一九六九年)は東京帝国大学法科大学を卒業してすぐに住友に入り、別子勤務などを経たのち、一九三〇年代から住友合資会社の経理部、さらに株式会社住友本社では調査役をつとめあげた。そのかれに「住友財団の展望」と題する手書きの原稿(新入社員向け講演用、一九四〇年)が残されている。もちろん、目﨑は住友の人間であったから「住友財閥」などとはけっしていわない。「住友財団」と呼んでいた。[1] その原稿でかれは、住友の事業内容を説明しながら、「住友財団の伝統的特質たる有機的統一性」について強調していた。すなわち、「如此く住友の諸事業は各事業相互の間に有機的関係がある」、「これ等の諸事業は企業の形態如何に拘らず凡て住友本社に依つて統制されてゐるのであり、一の統一体を形成してゐる」、「従つて住友財団は一のコンツェルンであると謂ふことが出来る」と。さらには、「又この統一体は独占資本主義の発展等とは凡そ縁の遠いものであつて、住友財団の経営合理化と国民経済の構成に対する職分の認識に立脚するものと謂ふことが出来る」などと述べていた(2)。

一般的にいって、これまで「財閥」という言葉はもともと社会用語でありジャーナリズム用語であると説明されてきた。では、「財閥」という言葉はいつごろから新聞・雑誌などのジャーナリズムが使い、いつごろから世間に広まりはじめたのだろうか。あるいは、「財閥」は「コンツェルン」と同義語であるともされてきた。この「コンツェルン」とはいったい何なのだろうか。本章では、前章に引き続いて、「財閥」という用語にこだわりながら、それまでジャーナリズムで広く使われてきた「富豪」はなぜある時期から「財閥」と呼び変えられたのか、また新語「コンツェルン」との関連は何か、について改めて考えてみよう。

二　「富豪」から「財閥」へ

前章でも述べてきたように、新聞や雑誌などのジャーナリズムがはっきりと「財閥」の語を使いはじめたのは、ようやく一九二〇年代半ばからのことにすぎなかった。すなわち、管見する限りでは、ほぼ大正末年にいたるまで、新聞や雑誌などにおいては三井・三菱・住友などを指して「財閥」とは呼ばず、「富豪」や「王国」などと呼ぶのが普通であった。

ジャーナリズムはいつから「財閥」を使ったか

にもかかわらず、不思議なことなのだが、これまでかれらはすでに明治の末ごろから「財閥」と呼ばれてきたのだと信じる向きがあった。つまり、「財閥」なる語は山路愛山『現代金権史』(一九〇八年)において用いられ、それ以来、ジャーナリズムなどで広く使われてきたのだという。しかしながら、前章でも見たように、『現代金権史』のなかには「財閥」は登場しない。明治末年に刊行された同書は「政商」について論じた書物でこそあれ、そこにはまだ「財閥」という用語はまったく使われていなかった。同書では、たとえば「三菱会社」「岩崎王国」などとはいうが「三菱財閥」という呼び方は一つも出てこない。

山路愛山はその後にも『現代富豪論』(一九一四年)を刊行しているが、そこでも「財閥」という言葉は使っていない。同書は、愛山が明治の末年ごろに「書キ散ラシタル現代富豪ニ関スル論文ヲ集メ出版」(序)したものであって、「試に日本現代の大富豪を数へよ。岩崎家なり。三井家なり。住友家なり。安田家なり。或は……甲府の若尾氏なり」(一七頁)などと述べるが、やはり「財閥」という言葉は出てこない。

同じ明治の末ごろには横山源之助『明治富豪史』(一九一〇年)が刊行されている。それを見ても、「日本一の持丸長者といはれてゐる岩崎一家や、貿易と礦山を両脇に抱えてゐる三井一家」、あるいは「日本の富豪で銀行事業に現れてゐる者は随分多い。岩崎には三菱銀行あり、三井に三井銀行あり、住友に住友銀行あり、鴻池に鴻池銀行あり」などと、三井・三菱・住友などについて描かれるものの、やはりかれらを「財閥」という名で呼ぶことはなかった。

一九一三（大正二）年には実業之世界社編『三井と三菱』が刊行されている。同書もまた、三井や三菱などの「所謂現代の大富豪に就て、黄金の封建制度が如何に近世社会に其組織の根底を有し、其権威を逞しくしつゝあるかを研究せん」としたものであり、「既に富豪の勢が斯くの如く旺盛となつた以上、茲に経済上の権力者と政治上の権力者とが何等かの方法によつて合同すべきは自然の法則である」（八頁）などと述べるものの、そこには「富豪」は出てくるが「財閥」の語はまだ登場しない。

さらには、河上肇が大阪朝日新聞に「貧乏物語」を連載したのは大戦ブーム中の一九一六（大正五）年であった。そこでは、「奢侈ぜいたくをおさゆること……世の富豪に訴えて、いくぶんなりともその自制を請わんと欲せしことが、著者の最初からの目的の一つ」（岩波文庫『貧乏物語』、一六八頁）とあり、また、「奢侈の制止、これ世の金持ちが水におぼるるの富豪病より免るる唯一の道」（一八二頁）、あるいは「世の富豪は辞令を用いずして官職に任ぜられおるがごときもの……富豪の購買力は、議会の多数に擁せられて内閣を組織しつつある諸大臣の権力のごときもの」（一八三頁）などと、さかんに「富豪」は使われるものの、やはり「財閥」という語は登場しない。

あるいはまた、第一次大戦勃発による空前の好景気の到来は、いわゆる「成金」を多数生み出したことで知られる。当時の『ダイヤモンド』誌（「多額納税者の激変」、一九一八年五月一日）にはつぎのようにある。「時局以来財界の激変は凄じいもので、昨日の貧乏奮闘者が忽ちに数千万円の大長者となり、富の分配に大狂ひを生じて、貧富の懸隔が甚しくなるのみか、其富の所有方も大に趣を革めて来て、全国の多額納税者に多数の新顔が現はれて居る」と述べて、たとえば「其著しい実例は東京府であらう。是迄の東京府多額納税者中で相変らずの者は唯僅かに安田善三郎氏で、他の十四名は悉く新顔である」と。そして、さらにつぎのように続けていた。「然らば是れ迄の富豪は零落したかと云ふに、決して左様ではない。旧富豪は富力増進に一層の速度を加へて、大々的富豪となりつゝあるのみか、最後の捷利は矢張り是等旧富豪に占められるであらう」[3]と。

鵜崎『朝野の五大閥』と神長倉『閥族の解剖』

以上見てきたように、要するに、これまで何か明治の末ごろからすでに「財閥」の語が使われ出したのだと伝えられてきたが、ジャーナリズムの世界では実際には「富豪」と呼んでいたのである。それら「富豪」の一部は明治政府の特恵を求めて政治権力と癒着したことから、かつては「政商」や「金権」などとも呼ばれていた。すなわち、高橋亀吉・青山二郎『日本財閥論』（一九三八年）が指摘するように、「その原始的蓄積の形成、肥大化は、もっぱら政府の特恵によつて行はれ……かかる特恵の対象は、主として当時の少数富豪階級であつた。我が財閥コンツエルンは、実にかかる富豪の私的資本を土台として非公開的に発展を遂げたものであ」（三三頁）った[4]。これまで検討してきたことから明らかなように、新聞や雑誌などのジャーナリズムは当時まだ三井、三菱、住友などを「財閥」という名では呼んでいなかった。かれらはある時期から「財閥」と呼び変えられることになるが、一体それはいつごろからなのか、またなぜなのか。

ちなみに、後代のわれわれは三井、三菱、住友などの歴史を過去にまで遡って語る場合、そう呼ばれる以前の前史部分をも含めて「財閥」と呼ぶことがある。もちろん、それは一つの便宜上のことにすぎないであろう。本論が問題とするのは単純なことである。新聞や雑誌などはかれらを実際にいつごろから公然と「財閥」と呼びはじめたのか、そして、それはなぜなのか。

そこで、興味深いのは、一九一二（明治四五）年に刊行された鵜崎鷺城『朝野の五大閥』である。そしてまた、一九一七（大正六）年に刊行された神長倉真臣『閥族の解剖』である。これら二書はいずれも当時の日本社会における「閥族」支配の実態について広く論じていた。前者では官閥、党閥、学閥、財閥、閨閥のいわゆる「五大閥」が取りあげられる。また、後者では閨閥、党閥、元老閥、財閥、俳壇閥、宗門閥、文壇閥などについて論じられる。すなわち、そこに見るように、両者はともに各種さまざまな「閥族」のうちの一つとして「財閥」を取りあげていた。

前者の『朝野の五大閥』をみると、「今の時財閥の最も大なる者は東に三井、岩崎あり、西に住友、鴻池あり」、あるいは「日本の大財閥三井家」などの表現（三三二頁）が出てくる。

ここに改めていうまでもないことだが、本来、「閥」というのは共通の出身地や出身母体などをもとに形成される特定の（時として排他的な）「つながり」や「人脈」を示す言葉であろう。「財閥」という言葉も同様であった。その当初には甲州財閥、江州財閥などのように出身地域名を冠して使われ、同郷出身者たちの「つながり」「人脈」を意味していたのである。同書のなかでも「財閥」は他の「閥」の同類として並べられ、それらの仲間の一つとして語られている。しかし、これら各種さまざまな「閥」のなかで、不思議なことなのだが、「財閥」だけが明治末年ごろには「つながり」「人脈」という本来的な意味合いから離れて個々の富豪一族を指す用語へと変化したことがわかる。すなわち、『朝野の五大閥』をみると、かつては地域名を冠して「つながり」や「人脈」を意味した（旧い）「財閥」の語が化学変化を起こし、しだいに三井・岩崎・住友など特定の大富豪の一族を個別に指して「財閥」と呼びはじめた様子がわかる。

『朝野の五大閥』は、管見する限りでは、当時の新聞や雑誌などでは他に事例の見当たらぬなかで、早くに（新たな用法での）「財閥」を掲げていた点で興味深く思われる。しかし、同書には「人物評論」という副題がついていた。その副題が示すように、同書全体の内容をみるならば「閥其者《そのもの》を論ずるは本書の目的にあらず、唯だ朝野の人物を五閥に分類して聊か之に月旦を加へたるに過ぎず」（序）とある。したがって、「財閥」についても、三井家のケースを取りあげながら富豪一族や番頭経営者らの縁戚関係、あるいは政官界などとの「つながり」など、区々たる人脈について論じているにすぎなかった。その意味からして、同書は「財閥」という用語の新旧変遷（地域名から富豪名へ）における過渡的な状況を示す貴重な記録であったといえよう。

また、後者の神長倉『閥族の解剖』をみると、第一次大戦ブーム期に刊行された同書でもやはり三井、岩崎などの大富豪の一族を指して「財閥」と呼んでいた。その内容は、三井家、岩崎家などがいかにして財をなしたか、すなわち富豪・金権が政府要人などとの癒着関係をもとに膨張していく有様について語っていたが、同書もまた必ずしも一つの事業体としての「財閥」を論じていたわけではなかった。あるいは、同書は財閥を数々の閥の一つとして取り上げているが、同書においてはなぜなのか、本文中の叙述には「財閥」という語はいっさい登場しない。ただ、小見出し部分に「財閥の解剖」という表記があるのみである。たとえば、「大正維新に於ける諸富豪は其金権の増殖を以て満足せず、何等かの形式に於て其力を政権の上に加へて、自己の意思を満足せしめんとして居る」、あるいは、「事苟《いやしく》も財界に関するに於ては……三井、岩崎の両富豪を逸するわけにはいかぬ……縦令《たとい》、欧州戦争によつて幾多の成金が醸成せらるるとしても、よく此両富豪を凌駕する程の大分限者を生ずるや否やは疑問である」、あるいはまた、「かくして富豪三井は、吾国の石炭界を壟断し、貿易界を壟断し、雑貨呉服界を壟断し、都下の銀行界を風靡し、製紙界を踏歩し、紡績界、製糖界にまで其手足を伸ばして居る」などと叙述されているように、本文中の文章においては「財閥」でなくすべてが「富豪」で通されていた。

その後、一九二〇年代の半ば以降になると変化はよほど明瞭なものになってくる。たとえば、大正末年に刊行された時事新報社経済部編『財づる物語』（一九二六年）をみると、より明確に本文中でも「三井財閥」や「三菱財閥」が取り上げられるようになったことが確認できる。しかし、その半面で、同書には「甲州系財閥」などという旧い「財閥」の語も併せて用いられており、さらに「銀行王安田」「事業王大倉」などの表記も含めて、その内容の大半はむしろ富豪の個人的活躍に焦点が当てられていた。

以上のような曲折を経ながらも、「財閥」の語はようやく一九二〇年代後半からその輪郭を明確に現しはじめた。三井、三菱などの事業体が「財閥」と表記される場合がふえてきたのである。[5]とはいえ、前章でも検討したように、一九二〇年代の半ばころまではまだ一般の新聞や雑誌などのジャーナリズムでは「富豪」あるいは「王国」「金権」などと呼ぶことが多かった。

すなわち、巷間ではいざ知らず、ジャーナリズムが三井・岩崎・住友など個々の大富豪の事業体を指して公然と「財閥」と呼びはじめるのは一九二〇年代の後半以降のことに属する。それは、ようやく時代が大正から昭和に変わるころのことであった。そして、いよいよ一九三〇（昭和五）年、高橋亀吉の『日本財閥の解剖』が登場する。同書は「日本における財閥研究のモニュメンタルな書物」（橋本寿朗「高橋亀吉の財閥論」、八一頁）として世に問われることとなった。同書の刊行によって、ここに「財閥」なる語は当時の昭和恐慌などの世相を時代背景として、また「財閥批判」の世論にも重ねられて、一挙に社会用語として広がりはじめたのである。

三　「財閥」の類型化、そして類推化

高橋亀吉『日本財閥の解剖』が当時の世間に与えたインパクトは大きかった。同書は当時の巨大な「財閥」の出現について真正面から分析した最初の研究書であった。同書が刊行されて、世の中

に一度「財閥」という呼び方が広まるや、これまで用いられてきた「富豪」や「金権」などの表記は姿を消し、「財閥」がそれらにとってかわった。また、同書が刊行されたと同じ一九三〇年には、「財閥を無視して現代の経済は判らない」として、エコノミスト編『財閥盛衰記（四大王国の巻）』が出版されている。辞書類でみても、博文館の『辞苑』（一九三五年）が「財閥」なる語を拾い上げて、「財界に於ける勢力ある朋党。三井系、三菱系の類」などと記した。(6)

こうして「財閥」という語がいったん世に広まり出すや、興味深いことなのだが、時をおかずに「財閥」そのものをいくつかの種類に類型化する作業がはじまった。すなわち、一口に「財閥」といってもさまざまなタイプのものがある、として分類作業がはじめられたのである。そして、これまた興味深いことに、その分類作業はさらに一歩進められて、その近在にあった類似のものまでも「財閥」の亜種として仲間に取り込みはじめた。

「財閥」の類型化と類推化

まず、その類型化については、たとえば、鈴木茂三郎『日本財閥論』（一九三四年）によれば、「これらの財閥は、ひとしく財閥ではあつても財閥資本の機構や資本の方向によつて、数種類の型に分類することが出来る」と述べる。そして、「第一の型は三井、三菱、住友の三大財閥によつて形成され」る型であって、「金融資本（銀行、信託、保険）」および「あらゆる部門にわたる産業資本」の二つの資本を根幹とする財閥であって、今日にいう「綜合財閥」がそれにあたる。また、この第一の型に続いて、これら二つの「資本」のいずれか一方に偏ったのが第二、第三の型とされた。すなわち、金融資本中心の財閥、および産業資本中心の財閥である。

前者には、安田、川崎、澁澤、山口が挙げられ、また後者には浅野、大倉、根津、大川・田中、古河、藤田、片倉などが並べられた。同じ一九三四年に刊行された岩井良太郎『三井・三菱物語』（序文）もまた、「現在わが国には凡そ十の巨大財閥がある」として、「完全な綜合財閥としての住友、三菱、三井」のほかに、「工業財閥として大倉、古河、浅野、大川」が、また「金融財閥として安田、川崎」の名が挙げられている。

　ところで、この鈴木茂三郎『日本財閥論』において注目すべきなのは、これら「財閥」の型の分類作業だけでなく、いわゆる「新興財閥」や「海運中心の財閥」なども挙げられていたことである。さらには、「此のほか財閥を形成するに到らない多数の産業資本グループがある」（六〜七頁）、などとも述べられていた。つまり、「財閥」の類型化の作業がスタートするや、それにとどまらずに「財閥」そのものの範囲もしだいに拡散されて、無批判的に、いわば類型化を超えて「類推化」がはじまったのである。

　その最初の典型的なケースこそが「新興財閥」であったろう。日本経済の一九三〇年代は重化学工業化の時代とされるが、その舞台に躍り出たのがいわゆる「新興コンツェルン」と呼ばれた企業グループであった。それら「新興コンツェルン」は、「コンツェルンと財閥は同義」なものとして扱われたことから「新興の財閥」とも呼ばれはじめた。たとえば、鈴木『日本財閥論』には「新興財閥」として久原財閥のほかに森、野口、中島などの資本グループが挙げられていた。同書は、この「〈新興財閥〉といふ用語は一般的な通念に従つて使用したまでのことである。財閥は投機成金の出来星のやうに、昨日や今日、遽《にわ》かに出来上るものではもとよりない……」（一〇九頁）などと弁明しているが、用語はいったん生まれれば一人歩きしはじめる。

あるいは、同書においては、「財閥を形成するに到らない多数の産業資本グループ」の一つとして「地方的財閥」が作り出された。「ここで云ふ地方的財閥とは出身地方に産業の基礎を置く財閥的又は資本グループ」（三四七頁）であって、日本内地のほかにも台湾や朝鮮などへ進出した「小財閥」が挙げられた。この「地方的財閥」、あるいは「地方財閥」という表現が抱える問題については前章でも取りあげた。

たとえば、森川英正『地方財閥』（一九八五年）は、「財閥というジャーナリズム用語に発する企業概念をあまりリジッドにわくづけしては、財閥に入るべきものまで脱落させてしまうことになる。たとえば、地方財閥である」（一四頁）と述べていた。しかし、「財閥」は必ずしも早くからのジャーナリズム用語ではなかった。一九二〇年代半ばまでは、ジャーナリズムはむしろ「財閥」と呼ばなかったのである。また、それがジャーナリズム用語として拡散していったのは、一九三〇年代に「財閥に入るべきもの」まで無造作に含み込んで、その「類推化」がはじまってからのことであった。「新興財閥」にせよ「地方（的）財閥」にせよ、それらはもとは「財閥を形成するに到らない産業資本グループ」にすぎなかった。それらは、いずれも「財閥」という語が世にもたらしたインパクトによって「財閥に入るべきもの」と考えられた一種の「類推概念」にすぎなかったのである。

「多角的事業経営体」

さて、前章では「財閥」の定義についてふれ、その有力な一つとして「富豪の家族ないし同族の封鎖的な所有・支配の下に成り立つ多角的事業経営体」（森川英正説）を取り上げた。そこにある「多角的事業経営体」という特質は、他の研究者による定義にも共通に取り上げられる「財閥」の重要な特質である。規模の大きな富豪たちはほとんどが複数の事業に取り組んでいた。しかし、この「多角的事業経営体」ということの理解が問題となる。

なるほど複数の事業に携わっておれば「多角的」だといえよう。しかし、「多角的事業経営体」あるいは「多角化する」という場合、そこには二つの区別すべき意味があろう。それはすなわち、①複数の産業部門にまで広くまたがって展開する場合と、②一産業の内部における事業展開、である。換言すれば、一九二〇年代後半に「財閥」の名で呼ばれはじめた三井、三菱、住友などを考える場合、この「多角的事業経営体」という意味は、①の複数の産業部門に広くまたがる「産業横断的な事業経営体」と明確に認識することが肝要なのではないか。たとえば、さきの「第一の型」、つまり綜合財閥の場合には、各種の金融関連事業（銀行、信託、保険、倉庫など）と並んで、そのほかにも多岐にわたる各種の製造業や、さらに鉱山業などなど、「あらゆる部門にわたる産業資本」にまたがっていた。むしろ、「財閥」がその定義上においてもともと多角的事業体であるのなら、わざわざ「綜合財閥」などという分類は不必要であったかも知れない。

具体的にいえば、一九三〇年代当初でみると、たとえば三井財閥では三本柱たる「銀行・鉱山・物産」を中核に据えており、その他にも直系会社として信託・生命・倉庫などがあり、さらにいわゆる傍系の事業会社（王子製紙、鐘淵紡績、芝浦製作所、北海道炭礦汽船など）を擁していた。三菱財閥においても、各種の金融関連事業に加えて直系企業だけでも造船、製鉄、鉱業、商事、などに展開しており、あるいは、住友財閥でも同じく各種の金融関連事業のほかに直系企業として鉱山、製鋼、電線製造、伸銅鋼管、肥料、炭礦、ビルディング、などを抱えていた。ただし、住友には三井物産や三菱商事のような商社はなかった。高橋亀吉『日本財閥の解剖』は住友の当時の事業展開について以下のように述べている。「住友は三井、三菱に次ぐ我国第三の大財閥である」が、「住友の産業網はその資産の割に他に比し著しく小規模だ」。そして、「現在（一九三〇年）までに於ける住友王国の産業網について云へば……その大部分は、別子銅山と住友銀行とを両親として発展した謂はゞ嫡出子的産業の一団にすぎない」（一五八頁）と。

それはともかく、これら三大財閥の事業構成では金融・製造・鉱山業などが共通していたのであり、なかでも鉱山業はそれぞれ独自の比重を占めていたことがわかる。よくいわれるように、鉱山業（「ヤマ」）は事業の多角的展開にとって豊かな源泉であった。たとえば鉱石の採取作業から機械工業や精錬加工業などが自立化した。あるいは肥料・薬品・染料工業などが派生し、それらはやがて「化学工業」という一つの産業部門へと収斂していくこととなった（下谷政弘『日本化学工業史論』）。

以上、要するに、「多角的事業経営体」という定義部分には、その意味内容として二つ（①と②）のものが含まれていた。それらは区別して考えなければならないであろう。また、区別することによってこそ、次章でみるように、財閥のその後の発展の姿を追いかけることができよう。換言するならば、「第一の型」の財閥とは「①複数の産業部門の上にまたがって展開」していたと改めて認識すべきなのであり、いずれかの資本に偏っていた「第二、第三の型」にしても、第一の型ほどではないもののやはり複数の産業部門にまたがっていた。そして、それぞれの産業部門はそれぞれの企業によって担われていた。それが、一九二〇年代後半から三〇年代にかけて、今度はそれら企業が「②一産業の内部における事業展開」をも活発化させることによって、それぞれ独自の事業領域をもつ「産業部門」としてさらに充実していくことになる。

いうまでもなく個々の「産業」の具体的な事業領域（内容）は時代とともに変遷する。しかし、当時の日本経済においてはそれぞれの「産業」分野の範囲は確立されつつあったといってよい。しかも、財閥においてはそれらの産業諸部門は傘下の企業組織によって担われていたことから、財閥という多角的な事業経営体は、形態面からいうならば複数の産業部門をそれぞれ担う諸企業からなる企業結合体であったということができる。こうした様相からして、当時、財閥は別名「財閥コンツェルン」とも呼ばれたのである。いったい、この「コンツェルン」とはどういうものか。

財閥コンツェルン　大塚一朗「財閥的大コンツェルンに就て」（『経済論叢』第五〇巻第一号、一九四〇年）はつぎのように述べていた。「コンツェルンとは、もとこれ……或る種の企業結合体系のことを指称する意味を以て独逸の俗間に於て自然的に普及し来れる一つの通用語」（一三一頁）であった、と。あるいは、高橋英治『ドイツと日本における株式会社法の改革』（二〇〇七年）は、そもそも「ドイツ語のコンツェルン（Konzern）は英語のconcernを原語とし、元来は日常用語として経済実務において用いられていた。この語が学術用語として登場してきたのは二〇世紀の初頭のことであった」（八五頁）という。(7)

日本では、一九二〇年代半ばから三井、三菱、住友などの大富豪は「財閥」と呼ばれたが、それは企業結合体という組織形態をとっていたから、ほぼ同時期に広がりはじめたカタカナ語で「コンツェルン」とも呼ばれたのである。「財閥なることばは、もともと通俗的用語であるが、その最高の発展段階における意義は、コンツェルンなる最高の独占形態と考えるべきものである」（土屋喬雄『財閥を築いた人々』、一頁）。爾来、前章でも見たように、「コンツェルン」は「財閥」の代名詞とも受け取られて、両者は同義語として扱われてきた経緯がある。さきに見た『金融大辞典』（一九三四年）によれば、この「コンツェルン」はつぎのように説明されていた。すなわち、「コンツェルン式経営は高度資本主義の一形態と考へられ、新興産業資本閥までがコンツェルンや財閥と呼ばれるに至つた」（八〇九頁）のであると。

実際に、一九三〇年代に台頭してきたいわゆる「新興コンツェルン」は世間で広く「新興財閥」とも呼ばれた。「財閥」の類推化という語義拡散の動向は、財閥とコンツェルンの両者が同義語として扱われたことによって、いっそう増幅されてしまったわけである。(8)

四　複数の産業にまたがるコンツェルン

ところで、それまでの「富豪」や「王国」などが「財閥」という新たな言葉で呼び変えられた時代背景とは何だったのか。「財閥」という語が世間に広まった時代背景や経緯について無頓着のままでは「財閥」はわからない。

一般に「財閥」の語はジャーナリズム用語として広まったと信じられてきた。しかし、これまで見てきたように、むしろ新聞・雑誌などは、一九二〇年代中葉までは「財閥」というネガティブな意味合いの表現を慎重に避けてきた。ジャーナリズムは「財閥」の語を古くから使ってきたわけではなく、単純にそれをジャーナリズム用語だということもできない。ジャーナリズムの世界では、「富豪」や「王国」はさかんに用いても「財閥」という語は遅くまで使わなかったのである。むしろ、その使用を遠慮しあるいは憚ってきたようにさえ思われる。(9) ジャーナリズムが「財閥」という用語を使いはじめたのには時代背景が絡んでいた。つまり、富豪たちの事業体そのものが変化し、またそれを取り囲む世論の変化があった。「財閥」と呼ばざるを得ないような状況が現れはじめたのである。

家業から事業体へ

それは、大戦ブームが終焉してから一九二〇年代を経るなかで、大震災の影響や金融恐慌などで企業倒産や失業者があふれ返った半面、何よりも多くの富豪の内から隔絶した規模を誇る大富豪が出現してきたことがあった。一九二〇年代は経済力集中の時代であった。高橋亀吉『日本財閥の解剖』はいう。「実に、大正九年の反動（恐慌）、大正十二年の大震災、昭和二年の金融大恐慌と云ふ、わが財界に於ける三大受難期は少数財閥の一大発展期であったのだ」（序二頁）と。あるいは、鈴木茂三郎『日本財閥論』も述べている。「ここ二、三年は財閥が種々な意味に於て問題となる。財閥が問題となる個々の直接の動因は何処に在るにしてもここ二、三年のあひだに、これほど大きな問題にどうしてなつたかについてのもつと根本的な理由は、日本の資本主義の発展につれて……資本の集積、集中が過速度に進行し……すでに日本には数個の巨大な独占の一つの形態として財閥資本が形成されてゐた……」（六二頁）と。あるいは、武田晴人『財閥の時代』（第一〇章）も、ほぼ一九二七年の金融恐慌を画期として「三大財閥の覇権」が確立したと述べている。

すなわち、ジャーナリズムが三井・三菱・住友などの大富豪を指して何憚ることなしに「財閥」と呼びはじめたのには、一九二〇年代における日本経済の変動（「三大受難期」、とくに金融恐慌）が背景にあり、経済力集中の激戦を勝ち抜いて、多くの富豪たちのなかから隔絶した規模の大富豪が姿を現したからであった。

そしてまた、さらに付け加えれば、その時期においてこそ、それら大富豪たちの「家業」（「イエ」の事業）が一個の事業経営体（機構）として整備充実されたことがあったろう。「一般的には、これまで一族によって個人企業的に経営されてきた事業を、一族によってかためた持株会社としての財閥本社と、それぞれ独立の株式会社である傘下諸事業へと分離し、ピラミッド型の支配網を形成していった」（楫西光速『政商から財閥へ』、一二頁）。つまり、第一次大戦の時期をはさむようにして、事業全体を統括する持株会社（合名会社や合資会社）が創設されたのであり、そのことによって、一九二〇年代には事業の多角化および分社化・系列化の動きがいっそう進展、加速化されたのである。

さきにふれたように、高橋亀吉『日本財閥の解剖』は「わが財閥の多くは、これ迄、その財閥一家の事業内に立籠り、その事業に対しては他の資本の介入するを許さず……又、財閥外の他の事業に手を出すが如きも極力控へられ、財閥の事業は、文字通り、厳重なる鎖国主義を永く続けて来た」と指摘する。「然るに、大体に欧州戦争を画期として、財閥の此の鎖国主義は漸くに破られ、爾後、財閥の事業経営法は著しく開放的となるに至つた」（三頁）と。

三井、三菱、住友などの大富豪は、こうした第一次大戦後から一九二〇年代を通じた時代変化を経ることによって初めて、「財閥」の名で呼ばれる存在となったのである。そうした時代変化を経る前は「富豪」であり「王国」であった。前掲の高橋・青山『日本財閥論』（日本コンツェルン全書一）は述べていた。「大戦当時の財界空前の沸騰期に於ける躍進、次いで、其後の恐慌期に於ける已成事業の傘下吸収を加へ、大財閥の事業規模は、茲に縦にも横にも前代と比較にならぬ文字通りの隔世的飛躍を遂げた。而も、それに照応してこの間に財閥機構の上でも近代的コンツェルン組織化が出来上が」（二一頁）った、と。

「特殊産業部門的コンツェルン」

さて、さきに財閥の多角化について、それは「事業の多角化」というよりも、むしろ複数の「産業部門」にまたがっていると認識した方がよいと述べた。複数の産業部門を家族・同族がピラミッド的に所有支配する巨大な企業結合体、こうした産業横断的な巨大財閥の姿を見て、当時の人々はそれを「コンツェルン」とも呼んだのである。前掲の大塚一朗「財閥的大コンツェルンに就て」（一九四〇年）はつぎのように指摘していた。「欧米にも、コンツェルン体系に於ける最高会社の持分が一人又は一家族の手に集中してゐる例が無いではないが、かかるコンツェルンが夫々の国の国民経済に於て占めてゐる地位は、我が国の代表的な財閥的大コンツェルンのそれの如くに圧倒的なものではない」（一三四頁）、と。

そしてまた、大塚はつぎのようにも述べていた。「我が財閥的大コンツェルンの夫々の活動分野が現代我国経済に於ける殆んど全部の事業部門に渉つてゐるといふことは甚だ重大な特質現象であつて、それは、今日欧米に於ける代表的大コンツェルンの多くが何等か特定種類の産業又は事業部門を中心として其の範囲内の諸企業の水平的及び垂直的結合体系を形成してゐるのと比べて顕著なる対照をなせるものである」（一三六頁）。こう述べたうえで、かれは日本の財閥コンツェルンについてつぎのように指摘する。「即ち、我が財閥的大コンツェルンは、化学工業コンツェルン、紡績工業コンツェルン、鉄工業コンツェルン等々の特殊産業部門的コンツェルンとは大いに趣の異つた性質を持つてゐる」（一三七頁）、と。

「コンツェルン」とは一体どういうものなのか。つまり、欧米の場合には、「コンツェルン」といえば特定（一つ）の産業部門の上に立脚する「特殊産業部門的コンツェルン」なのであった。それ以外にはなかった。これに対して、日本の財閥コンツェルンにおいて特徴的なのは、それらが複数の産業部門にまで広くまたがって存在していた、という事実なのである。日本の財閥コンツェルンは、当時の欧米先進国のコンツェルンには見られない一種異様な「コンツェルン」の姿をとっていた。

中川敬一郎「第二次大戦前の日本における産業構造と企業者活動」（『三井文庫論叢』、一九六九年）もいう。「日本の財閥の場合のように単一の企業集団が国民経済の殆ど全ての分野に亙る多様な諸事業を統括し、しかもその企業集団が特定の家族の支配下に長期にわたって繁栄を続けた、ということは欧米諸国にまず例がない」（一九〇頁）、と。

敗戦後の一九四五年九月、米国政府の「降伏後における初期の対日方針」は「日本の商工業の大部分を支配し来りたる産業上及び金融上の大コンビネーションの解体」を求めた。いわゆる「財閥解体」である。そこには、当然、財閥の巨大な規模や高い集中度、あるいは家族同族支配などの解体すべき理由があった。しかし、加えて、そこには他国にはない産業横断的な「大コンビネーション」だからこそ、という理由もあったろう。GHQ内部での議論について、E・M・ハードレー『日本財閥の解体と再編成』は、「そのような企業力の巨大な集積は〈定義上〉反民主主義的であり……経済の近代的部門の全範囲を含んでいるような企業は、自由で競争的な企業にみいだされる価値とはまったく別の価値を代表しないわけにはゆかない」と述べていた（小原・有賀訳、一九七三年、九頁）。あるいは、三和良一（大蔵省財政史室編『昭和財政史』第二巻）はつぎのように指摘していた。日本の「財閥は、たとえばゼネラル・モータースとかＵＳスチールなどと対比されるものではなく、そのような工業の巨大企業のすべてを支配し、さらにスタンダード石油やチェース・ナショナル銀行をも傘下に納めているような超持株会社というべき存在なのである。この、諸産業にまたがる水平的な独占支配の構造が、日本財閥を他の国々の巨大独占企業から区別する大きな特徴であ」ったと（八八頁）。

すなわち、日本で用いられてきた「コンツェルン」の語はドイツで誕生した「コンツェルン」とは意味合いが違っていた。本家のドイツでは、「コンツェルン」とはあくまで特定の産業部門（本業）に立脚する企業結合体、すなわち「特殊産業部門的コンツェルン」のことであった。他方、日本では、綜合財閥において典型的なように複数の産業部門に広くまたがる企業結合体のことを「コンツェルン」と呼ぶようになった。したがって、ドイツ語の「コンツェルン」はもともと企業結合体という以上の意味内容を持たなかったが、日本ではそれは「財閥独占体」の同義語ともなり、その影響によって「コンツェルン」は自然とカルテルやトラストなどよりも上位に祭り上げられて、「最高の独占体」などという大仰な意味を含む羽目になってしまったのである[10]。

「コンツェルン」の二義性　なぜこのような食い違いが生じたのか。それをよく理解するためには日本の一九二〇年代と三〇年代における一般企業の構造の違いを見る必要がある。ごく図式的にいうならば、一九二〇年代までの日本企業のほとんどは「企業＝本社」の段階にとどまっていた。

つまり、企業は支店や営業所などを各地に展開することはあっても、傘下に子会社をもつほどのケースはまだ少なかった。あったとしても、それは市場支配を直接目的に同業他社を傘下に取り込んで子会社としたケースが多かった。日本の大企業がさかんに自ら子会社を設けるようになり、有機的な「親子型の企業グループ」の形成に本格的に取り組むようになったのは、景気全般が回復し企業活動が活況を呈した一九三〇年代以降のことである。

　しかし、そこに例外があった。いわゆる「財閥」のケースである。一部の大富豪（のちの「財閥」）は第一次大戦をはさんでそれぞれ持株会社を設立したのであり、すでに一九二〇年代末までには各種の事業を多角的に展開して、あるいは他社を買収再編して、複数の直系子会社を傘下に擁する企業結合体の姿を見せていた。その企業結合体の姿を見て、世間の人々はドイツから輸入された新語で「コンツェルン」と呼んだのである。当初の「財閥」の事業展開の様相は、一九三〇年代のそれに比べれば、まだ直系事業を中心とする粗い骨格部分にすぎなかった。とはいえ、それは一九二〇年代の日本経済において例外的に早くに姿を現した企業結合体であった。「財閥」は、複数の産業部門にまたがって展開する日本特殊的な「コンツェルン」（これをいま（K）としよう）として登場したのである。

　ついで、一九三〇年代になると、三三年前後から日本経済は活気を取り戻しはじめた。第一次大戦ブームのあと、長い「三大受難期」の間、じっと息をひそませていた企業が動き出した。民間企業による重化学工業も開花して経済活動が活況を呈するなかで、多くの企業がさかんに子会社を擁しはじめたのである。それは系列化や分社化を通じてそれぞれが親子型の「企業グループ」を形成する動きであった。紡績会社、化学会社、製糖会社、電機会社、電力会社などなど、数多くの「企業」が「企業グループ」化しはじめた。

「企業グループ」は、もとより親会社の「本業」を中核に形成されることになった。子会社は親会社の「本業」を補完・支援する役割（たとえば、原料供給・販売・運搬・部品加工など）を与えられて、全体として有機的な親子型の企業グループを形成した。そして、これこそが本来のドイツ語でいう「コンツェルン」の形成であった。すなわち、それぞれ親会社の本業を基盤とする「特殊産業部門的コンツェルン」（これをいま（k）としよう）に他ならなかった。日本ではドイツよりも周回遅れで、一九三〇年代に企業の企業グループ化が本格化したのであり、新興のコンツェルン（k）が陸続として登場しはじめた。当時、とくに注目をあびたいわゆる「新興コンツェルン」（その代表的なものは化学工業に立脚していた）というのは、もちろん、この企業グループの範疇に含まれることとなる。(11)

財閥傘下企業のコンツェルン形成

重要なのは、こうした一九三〇年代における「企業」の「企業グループ」化の波浪が三井、三菱、住友などの「財閥コンツェルン」傘下の主要企業にも同様に押し寄せたことである。つまり、財閥の主要メンバー企業もそれぞれに子会社を擁するようになって、自らの「コンツェルン（k）」を形成しはじめた。三井や三菱の大財閥では、すでに一九二〇年代後半から商社（三井物産・三菱商事）や鉱山会社（三井鉱山・三菱鉱業）などがさかんに他社を買収再編して自前の「コンツェルン」を形成していた。そこでは、一九二〇年代後半からピラミッドの外延的な拡大は、すでに直系企業の傘下子会社（あるいは傍系企業）の増大という形をとりはじめていたのである。しかし、全般的にいうならば、その他の財閥をも含めて、傘下企業が本格的に企業グループ化の動きを本格化させたのは一九三〇年代に入ってからのことであった。こうした傘下企業の動きは、しだいに財閥ピラミッド全体の統括にも変化をもたらさざるをえず、「財閥の変質」といわれた。

具体的には、三井財閥における三井鉱山や三井物産の事例に代表されるように、かれら自身が自前の子会社をもって「三井鉱山コンツェルン」や「三井物産コンツェルン」になった。あるいは、傍系会社の鐘淵紡績、東京芝浦電気などもそれぞれに子会社を展開して「鐘紡コンツェルン」「東芝コンツェルン」などと呼ばれていた。

前掲の鈴木茂三郎『日本財閥論』はいう。「三井合名の直接支配の下にある第一種資本（直系会社）に結集された諸産業の個々の資本は、それ自体が個々のコンツェルンを形成し、分派資本の孫会社をその資本の鶴翼のなかに抱擁してゐる」（四二頁）、と。あるいは、「三井合名の第一種資本は、生産連帯の基礎の上に形成された、いくつかのコンツェルンの結合体である」（四八頁）と述べていた。また、安岡重明『財閥経営の歴史的研究』もつぎのように指摘している。「三井鉱山、三菱造船、住友金属など財閥直系の大会社が垂直統合と多角化によりそれ自身ひとつのコンツェルンを形成していったこと、それは、日窒、日曹、森などの新興コンツェルンの垂直統合と多角化と、基本的に同質のものであった」（二五八頁）と。

以上、換言するならば、たとえば三井の場合、「三井財閥コンツェルン（K）」という大宇宙の内部にいくつもの小宇宙の「コンツェルン（k）」が誕生してきたのである。財閥コンツェルンの全体像は、しだいにそれら小宇宙から成る集合体へと変貌しはじめた。それら小宇宙は、一九三〇年代から戦時経済にかけて、それぞれの事業展開のなかでしだいに財閥本社の羈絆《きはん》から脱しつつあった。そして最終的には、財閥解体によって散らばり、独自の道をたどる運命にあった。

これまで述べてきたように、日本においては「コンツェルン」という用語は二義的（K）と（k）に使われてきたわけである。すなわち、「財閥」と「コンツェルン」とは同義語であると説明されてきたのだが、実際には、かたや「コンツェルン」の方は二通りの意味合いをもっていた。言い換えれば、「財閥」ではないコンツェルン（k）も存在したことになる。このことについての認識不足がこれまで無用の混乱を生み出してきたのであって、「新興財閥」や「新興コンツェルン」という用語の使い方にもあるように、「財閥」の類推化をもたらしてその語義拡散に働いたのである[12]。

五　財閥コンツェルンの一体性

さて、本章の冒頭において目﨑憲司「住友財団の展望」（一九四〇年）が住友の「伝統的特質たる有機的統一性」を強調していたことにふれた。総じていえば、それが執筆された当時、すでに日本の社会全体が戦時統制経済の時代に入ったころから、ピラミッド型の財閥コンツェルンの一体的運営は困難なものとなりつつあった。本書第五章でもみるように、戦時統制経済（たとえば産業別の統制会の設立など）は財閥コンツェルンという組織内部のヒト・モノ・カネの動きをピラミッドの外側から牛耳るように変化させていた。だからこそ、目崎は新入社員たちに向かって「財団としての有機的統一性」を強調しなければならなかった。たとえば、小宮山利政『統制会と財閥』（一九四二年）はいう。「大体、財閥といへば……原料から製品までの一貫作業的経営を同一資本の力で動かすのがその特徴であり、その力によつて強力、優秀なる産業を発達せしめ得たのである。ところが……統制会が出来て、原料も資材も労力も資金も統制会の手で自由に動かしてしまふことになると、コンツェルンの縦の経営系統がズタ〳〵に切られてしまひ、一貫経営の長所を発揮することが出来なくなつてしまふ」（五六頁）、と。

当時、「財閥」とはいったいどのような響きをもつ言葉であったろうか。普通、人がいわゆる「財閥」という言葉を聞いた時、まずもって想起するのはこのピラミッド型のコンツェルン組織であったろう。各種の産業部門にまで広くまたがる財閥全体の「有機的統一性」はコンツェルン組織によってこそ支えられていた。さらにもう一つ、「財閥」に関して想起されるイメージとは、その頂点に位置した「家族・同族による所有支配」ということであったろう。樋口弘『計画経済と日本財閥』（一九四一年）はいう。「日本財閥の大部分は血族を中心として資本が構成されてゐる……血族財閥こそは日本の家族制度や社会組織と関連した日本財閥の一特徴であらう。それは又長子相続によつて特徴づけられてゐる」（五一頁）と。

「番頭経営」　この「家族・同族による所有支配」はほとんどの場合、その程度はともかく、実際には専門経営者らの参画によって補完されていた。いわゆる「番頭経営」である。かつて山路愛山『現代金権史』はつぎのように述べていた。「富豪若し久しく其家運を支へんとせば是非共善き手代番頭を貧乏人の中より求めて家事を委ねざるを得ざりき」（二〇一頁）と。

もちろん、これら「家族・同族による所有支配」や「番頭経営」についての具体的な様子は財閥によって、また時代環境によって異なっていた。森川英正『財閥の経営史的研究』（第一章、付論）は三井、三菱、住友について、それを端的に「同族支配の三つのタイプ」として論じていた（後述、本書第三章）。あるいは、大島堅造『春風秋雨八十年』（一九六七年）はつぎのように回想していた。「各財閥の中枢をなす本社は、傘下の全企業を統理することには変りがない。しかし、財閥によって、その緩急おのずから異なるものがある。その最高首脳は、財閥本家当主であるものが多い。単に名目的のものもあれば、実権を振るうものもあった。住友では本社の社長は当主があたり、先代（十五代友純《ともいと》）は総理事から巨細に報告を徴し、処理を指令した。しかし、業容が大きくなるにつれて、このシステムは実行に困難をきたしたのは無理もないことだ。したがって、現当主の代（十六代友成、一九二六年以降）になって、仕事については本社総理事が全責任をとり、重要なる人事・事業についてのみ当主の承認を得る仕組みとなった。これは時代の変化といえよう」（一七九頁）。

いずれの財閥コンツェルンにおいても専門経営者（「番頭」）たちの活躍なしではピラミッド組織全体の経営はむりであった。その観点から「日本の財閥では家族・同族と本社との関係と、本社と直系事業会社との関係において、所有に対する封じ込めが二重に作用していた」、という橘川武郎の議論がある（『日本の企業集団』、二三二頁）。つまり、コンツェルン（持株会社）という組織機構が家族・同族による所有支配を「封じ込め」て、専門経営者との間のバッファーの役割を果たしたという議論である。これは、古い歴史をもつ三井や住友などにおける家族・同族所有とコンツェルン組織、あるいはイエ制度との関連を考えるのにも示唆的である。

さきの大塚一朗「財閥的大コンツェルンに就て」は、欧米の大コンツェルンとの対比上から、日本の財閥の特質についてつぎのように述べていた。「我が財閥的大コンツェルンは究極に於て、一般の大衆株主にも、又少数特定の個人にも従属してゐるのでなく、それは実に個人をも又或る意味で家族をも超越したる一つの《家》に従属せるものである」と。そして、「その《家》には凡て一定の家憲と呼ばれる一家の私的根本法があつて、それは《家》の成員たる各個人は勿論更に或る程度にはその主要使用人をも拘束してゐる」、あるいはまた、「これをして堅実なる節度を以て、それの真実の主人たる《家》の長久的発展の為に奉仕せしめるといふことがその管理者達の中心的指導原理になつてゐるといふ事情を生じてゐる」（一三八頁）などと述べていた。[13]

いうまでもなく、財閥コンツェルンの「有機的統一性」に関しては「家族・同族による所有支配」の役割やその限界、また番頭経営の実態などを解明することが重要な課題であろう。しかし、それと同時に、とくに古い財閥の場合には、むしろ「実に個人をも又或る意味で家族をも超越したる……《家》の長久的発展」を指導原理としたイエ制度の存在ということが大きな影響をもっていたのではないかと思われる。あるいは、イエ制度という伝統的な枠組みを巧みに利用しながらも、近代日本に合致した国益志向や公的精神を掲げた独自の「経営理念」の存在が、両者それぞれ相まって、財閥コンツェルンの有機的統一性の維持において有効性を発揮していたのではないかと思われる。[14]

その有機的統一性が、財閥によって時期の違いこそあれ、戦時統制経済を迎えるころまでには崩壊しつつあったということである。

注

(1) 前章でふれたように、住友の内部では「財閥」を避け「財団」と称した。目崎は論文「コンツェルンに関する若干の考察」の冒頭でも、「我国財団の株式公開は近来流行となつた」と「財閥」でなく「財団」と表記していた。また、かれは敗戦時（財閥解体時）に本社経理部調査課長として対GHQ交渉のための説明文書「住友ノ組織」を作成したが、そこでも「住友本社ハ住友財団（the House of Sumitomo）ノ中枢機関トシテ」、あるいは「日本ニ於ケル他ノ財団ニ比較シテ」、などのように「財閥」の使用を避けている。「住友ノ組織」については、山本一雄『住友本社経営史（下）』、二〇一〇年、八五一頁。

(2) 目崎憲司は第二次大戦後に住友を辞して大阪大学に移り、同大学評議員や経済学部長をつとめた。その主著には『鉄鋼及び石炭業に於ける企業組織』、『企業統制の諸問題』、『工業経済』などがあり、いずれも住友時代の著作である。

（3）「成金」については、今井清一『成金天下』、参照。

（4）ちなみに、高橋・青山『日本経済論』には、「今日の大財閥中、比較的この種の特恵に薄かつたものは、別子銅山経営で固まつて居た住友位のものであらうか」（四七頁）、とある。あるいは、山路愛山『現代金権史』も住友家について取りあげて、「同家の忠厚なる家風は政治に手を出すことを好まざるが如く、富豪の一分を守りて他念なく、政治家と結托して大仕掛の富を作らんとするが如き野心なく……」、などと述べていた（二九九頁）。

（5）「大正・昭和初期の〈住友〉の存在は、経済ジャーナリストからは無視されている。時事新報社経済部編《財づる物語》にも白柳秀湖《財界太平記》にも、〈住友〉は全く出てこない」。小林正彬『三菱の経営多角化』、四一五頁。

（6）なお、『金融大辞典』（日本評論社、一九三四年）は「財閥」について次のようにも述べていた。「殊に昭和四年の恐慌以来、産業資本家閥又は中小財閥の力が衰へ、独立は困難となり、大財閥の一に吸収従属するの外はない状態となつた。例へば、東京に於て大川財閥の支配会社たる富士、樺太工業の二製紙会社が三井財閥の王子製紙に合併され、浅野財閥が安田財閥の支配下に入り、大阪に於て、住友銀行に対抗するために三十四、山口、鴻池の三銀行が合併せる如き顕著なる実例である。之等の関係から今日では三井、三菱、住友、安田が財閥とよばれてゐる」（八〇九頁）。

（7）「英語のコンサーンといふ言葉が移植されてコンツェルンとなつたのであるが、同時にその意義内容も原語とは著しく異つたものとなつた。英語のコンサーンは事業とか営業とかいつたやうな意味の言葉であり、単一の企業を表すに反し、ドイツ語のコンツェルンは多数の企業を、あるひは一聯の企業よりなる複合体を意味する」。静田均「インテレッセンゲマインシャフトの概念規定について」『経済論叢』第五六巻第三号、一九四三年、八二二頁。

（8）　安岡重明『財閥の経営史』（一九七八年）は、「新興コンツェルンは出資者の構成、その性格において既成の諸財閥と相当のへだたりがあるので、新興財閥というより新興コンツェルンと呼称した方がよい……財閥の定義からすると新興財閥という呼称は適当とはいえない」（一〇一頁）、と指摘していた。

　ちなみに、以下の文章は日産コンツェルン研究の第一人者、宇田川勝『日産コンツェルン経営史研究』からの引用（二五九頁）。かれはいう。「下谷政弘『新興コンツェルンと財閥』は日産を日窒などの一九三〇年代に登場する新興コンツェルンと同列の企業集団として捉えるのは誤りで……〈新興の財閥〉であったとしている。……下谷はドイツ産業史のコンツェルン概念を、既成財閥のコンツェルン化、新興コンツェルンの登場、企業グループの発展・変質を説明する上で〈鋳型〉として利用している」、と。そのうえで、かれはつぎのように述べる。「下谷の理論展開は明解であるが、財閥を含めた企業集団グループ研究の〈主流〉になっているとは言い難い。現に、経営史学会の元会長、現会長が編著・執筆者として参加している日本経営史の教科書においても新興財閥の名称が使用され、日産、日窒、森、日曹、理研の五コンツェルンがその代表者として登場し」ている、云々と。

　かつて橋本寿朗が述べたように、「〔これまでの〕財閥研究は、財閥といわれたものを研究するのであって、研究対象をなぜ財閥というコンセプトで表現できるのかという問いを欠きがちである」（前掲「高橋亀吉の財閥論」、八六頁）。

（9）　新聞や雑誌などは三井、三菱、住友などに関し個別特集記事を組む際はとくに慎重に「財閥」の使用を避けてきた。たとえば、「読売新聞」の特集記事「財界の覇王　大三井家の事業」（一九二五年五月二八日）、など。あるいは、たとえば白柳秀湖『住友物語』の場合、刊行時期が一九三一年と遅かったが、遠慮してなのか「財閥」という語を使っていない。

（10）　この点について、下谷政弘『新興コンツェルンと財閥』、同『経済学用語考』、参照。いわゆる独占体を「カルテル・トラスト・コンツェルン」などと順序付けて唱えるのは日本特有の言い回しである。

（11）一九三〇年代に入ると大小さまざまな「新興のコンツェルン（k）」が生まれ活躍した。したがって、「新興コンツェルン」をいわゆる五つのコンツェルン（日産、日窒、森、日曹、理研）だけに限定し、あるいは固有名詞化していたずらに特別扱いする必然性はない。いわんや、その内の一つとして日産コンツェルンを含めることはできない。日産（旧久原財閥）は鉱山・電機・自動車・化学・水産業など広く「産業横断的」であったから、（K）でこそあれ（k）ではなかった。樋口弘『計画経済と日本財閥』（一九四一年）はいう。「既成の大財閥は概ね産業的に連絡のない二つ以上の企業を支配する統合型をとつてゐる」のに対して、新興コンツェルンでは「各段階の生産行程、生産技術が緊密に有機的に結合され、一の製品は他の製品の原料となり、一生産行程の屑物、副産物が夫々一つの企業として分離独立して、コンツェルン組織全体が生産組織を枢軸とした一体となつてゐる」（五一頁）。

（12）たとえば、次のような発言。「〔新興財閥は〕新興コンツェルンとも呼ばれた。組織形態からいえばコンツェルンというのが正しいが、財閥もコンツェルン化していたから新興財閥ということもできる」。橋本寿朗「序」、橋本・武田晴人編『日本経済の発展と企業集団』、八頁。また、一九三八年からは『日本コンツェルン全書』（春秋社）と銘打ったシリーズ（全一八巻）が刊行された。そこには数多くの「コンツェルン」が取りあげられたが、（K）も（k）も区別されることなく雑然と混在して並べられた。くわしくは、下谷政弘『新興コンツェルンと財閥』第一章。

（13）「かつての日本のイエは日本独特のもので、個々人を超越し個々人を折々の質料とする形式的永続的機構である。それ自体の社会的機能（家業）を有し、名（家名、屋号）を有し、名誉（家名、家柄）を有し、象徴（家紋）を有し、財産（家督、家屋敷、田畑等）を有し、代表者（当主）を有する」。高島俊男『漢字雑談』、一四頁。

（14）経営理念については、たとえば瀬岡誠『近代住友の経営理念』、など。あるいは、「近代日本の企業経営活動における経営理念の特徴が国益志向に求められるとすれば、経営戦略の特徴は多角化志向であるといえよう。そして経営理念における国益志向と経営戦略の多角化志向は密接に関係している」（森川英正『日本型経営の源流』、一三六頁）。

ちなみに、近代住友の場合、主要な人材を国家役人や法曹界から引き抜いたこともあってか、その経営理念の内には公的精神が強くにじむ。第二代総理事の伊庭貞剛はいう。「住友の事業は、何人でも出来るやうな、さういふ種類の事業であつてはならない。住友の信望と、住友の大資本と、住友の人材とを以てするにあらずんば、到底計企することが出来ないといふやうな事業をこそ、住友はおのれの事業として、これに全力を尽くすべきである。……住友の事業は住友自身を利するとともに、国家を利し、且つ社会を利する底の事業でなければならぬ。」（西川正治郎編『幽翁』、一七七頁）。

この精神は第三代総理事鈴木馬左也の「自利利他公私一如」として引き継がれていく。以下は鈴木総理事の主管者協議会における発言。「我住友家ノ全体ヲ通シテ一ノ発達セル有機体デアルト云フ事実ヲ御承知ニナツテ各員ハ其有機体ノ或ハ機関即organデアルコトヲ心得ラレテ此有機体ノ目的ヲ達スル為ニ協力スルト云フ御考ヲ持タレタイ」（大正二年）、「我々ノ精神ヨリスレハ我々ガ住友家ノ為ニスル努力ハヤガテ国家ノ為ニスル努力デアル」（大正七年）。また、「我住友家ハ自利ノミヲ計ルニアラズシテ国家社会ノ利益進運ヲ扶クルコトヲ常ニ念頭ニ置キテ行動シ、協心戮力シテ事ニ処シ公明正大ニ且ツ組織的ニ仕事ヲ為サヾル可ラズ」（大正八年）。なお、主管者協議会については、牧知宏「大正・昭和戦前期における住友の主管者協議会」『住友史料館報』第四二号。

今井清一『成金天下（日本の百年　五）』、ちくま学芸文庫、二〇〇八年
岩井良太郎『三井・三菱物語』千倉書房、一九三四年
鵜崎鷺城『朝野の五大閥』東亜堂書房、一九一二年
宇田川勝『日産コンツェルン経営史研究』文眞堂、二〇一五年

エコノミスト編『財閥盛衰記（四大王国の巻）』明星書院、一九三〇年
大島堅造『春風秋雨八十年』ダイヤモンド社、一九六七年
大塚一朗「財閥的大コンツェルンに就て」『経済論叢』第五〇巻第一号、一九四〇年
楫西光速『政商から財閥へ』筑摩書房、一九六四年
神長倉真臣『閥族の解剖』四方社、一九一七年
河上肇『貧乏物語』岩波文庫、一九四七年
橘川武郎『日本の企業集団』有斐閣、一九九六年
小林正彬『三菱の経営多角化』白桃書房、二〇〇六年
小宮山利政『統制会と財閥』科学主義工業社、一九四二年
時事新報社経済部編『財づる物語』東洋経済新報社、一九二六年
実業之世界社編『三井と三菱』、一九一三年
静田均「インテレッセンゲマインシャフトの概念規定について」『経済論叢』第五六巻第三号、一九四三年
下谷政弘『日本化学工業史論』御茶の水書房、一九八二年
下谷政弘『新興コンツェルンと財閥』日本経済評論社、二〇〇八年
下谷政弘『経済学用語考』日本経済評論社、二〇一四年
白柳秀湖『住友物語』千倉書房、一九三一年
鈴木茂三郎『日本財閥論』改造社、一九三四年
瀬岡誠『近代住友の経営理念』有斐閣、一九九八年
高島俊男『漢字雑談』講談社、二〇一三年
高橋英治『ドイツと日本における株式会社法の改革』商事法務、二〇〇七年
高橋亀吉『日本財閥の解剖』中央公論社、一九三〇年

高橋亀吉・青山二郎『日本財閥論』(日本コンツェルン全書（一〉）春秋社、一九三八年
武田晴人『財閥の時代』新曜社、一九九五年
土屋喬雄『財閥を築いた人々』弘文堂、一九五五年
中川敬一郎「第二次大戦前の日本における産業構造と企業者活動」(『三井文庫論叢』第三号、一九六九年
西川正治郎編『幽翁』、一九三三年
橋本寿朗「高橋亀吉の財閥論」『証券研究』第八九巻、一九八九年
E・M・ハードレー『日本財閥の解体と再編成』東洋経済新報社、小原敬士・有賀美智子監訳、一九七三年
樋口弘『計画経済と日本財閥』味燈書屋、一九四一年
牧知宏「大正・昭和戦前期における住友の主管者協議会」『住友史料館報』第四二号、二〇一一年
三和良一『昭和財政史』大蔵省財政史室編、第二巻、一九八二年
目﨑憲司「コンツェルンに関する若干の考察」『経済学論集』第四巻第七号、一九三四年
森川英正『日本型経営の源流』東洋経済新報社、一九七三年
森川英正『財閥の経営史的研究』東洋経済新報社、一九八〇年
森川英正『地方財閥』日本経済新聞社、一九八五年
安岡重明『財閥の経営史』日経新書、一九七八年
安岡重明『財閥経営の歴史的研究』岩波書店、一九九八年
山路愛山『現代富豪論』中央書院、一九一四年
山本一雄『住友本社経営史（下）』京都大学学術出版会、二〇一〇年
横山源之助『明治富豪史』易風社、一九一〇年
脇村義太郎「住友財閥の人々」『経営史学』第一巻第三号、一九六六年

第三章　財閥と持株会社

一　財閥本社と傘下子会社

三井・三菱・住友のいわゆる「三大財閥」は、複数の産業部門に広くまたがって事業展開していた。これら三大財閥はまた「綜合財閥」とも呼ばれていた。

かの高橋亀吉『日本財閥の解剖』は、さきにもふれたように、その冒頭部分（序）において「日本経済に於ける少数財閥の支配力は何人も意外とする程に甚大だ」、という指摘からはじまる。一九三〇（昭和五）年に刊行された同書は、日本経済の一九二〇年代に展開された少数財閥による経済力集中の結末を示していた。また、同書は、これら少数財閥の支配力拡張の様子についてつぎのように語っていた。「少数財閥の事業は、財界に一波瀾の起る毎に他の劣弱事業を、或は蚕食し或は淘汰して膨張した」、と。そして続けて、「就中、欧州戦中戦後の波瀾萬畳の時代を通じて、少数財閥の威力はその真価を極度に発揮した。実に、大正九年の反動、大正十二年の大震災、昭和二年の金融大恐慌と云ふ、わが財界に於ける三大受難期は少数財閥の一大発展期であつたのだ」（三頁）と。

一九二〇年代

すなわち、日本経済は未曾有の第一次大戦ブームに大いに沸き立ったあと、逆に一転、一九二〇年代の長い不況期に入った。しかしながら、三井、三菱、住友などはそれまでに蓄積した資本をもとに新事業に乗り出しただけでなく、さらには「他の劣弱事業を、或は蚕食し或は淘汰して膨張した」。かれらは一九二〇年代を通して、財閥本社とその傘下子会社という体制を整備充実しながら、複数の産業部門に裾野広くまたがるコンツェルンを築きあげたのである。当時のジャーナリズムは、これら巨大な事業体の出現を見て、それを新聞や雑誌上で「財閥」と呼ぶことに躊躇しなくなった。

高橋亀吉の同書は日本の財閥についての初めての学術書である。「各財閥の解剖に方つては、出来るだけ詳細に、正確に、その内容の大骨組みを明かにすると云ふことを主眼とした」（序）。もっとも、橋本寿朗「高橋亀吉の財閥論」が指摘するように、同書では必ずしも「財閥というコンセプトについての定義は与えられていない」（八五頁）。「財閥」とはいったい何を指すのか。同書ではその定義こそ与えられなかったものの、実際に財閥として「解剖」されたのは、三井、三菱、住友、安田、浅野、大倉、古河、川崎の八財閥であった。その末尾には大川も事業閥の名で付け加えられた。図３－１は同書が掲げた諸財閥のうち、とくに三井財閥の支配網を示したものである。

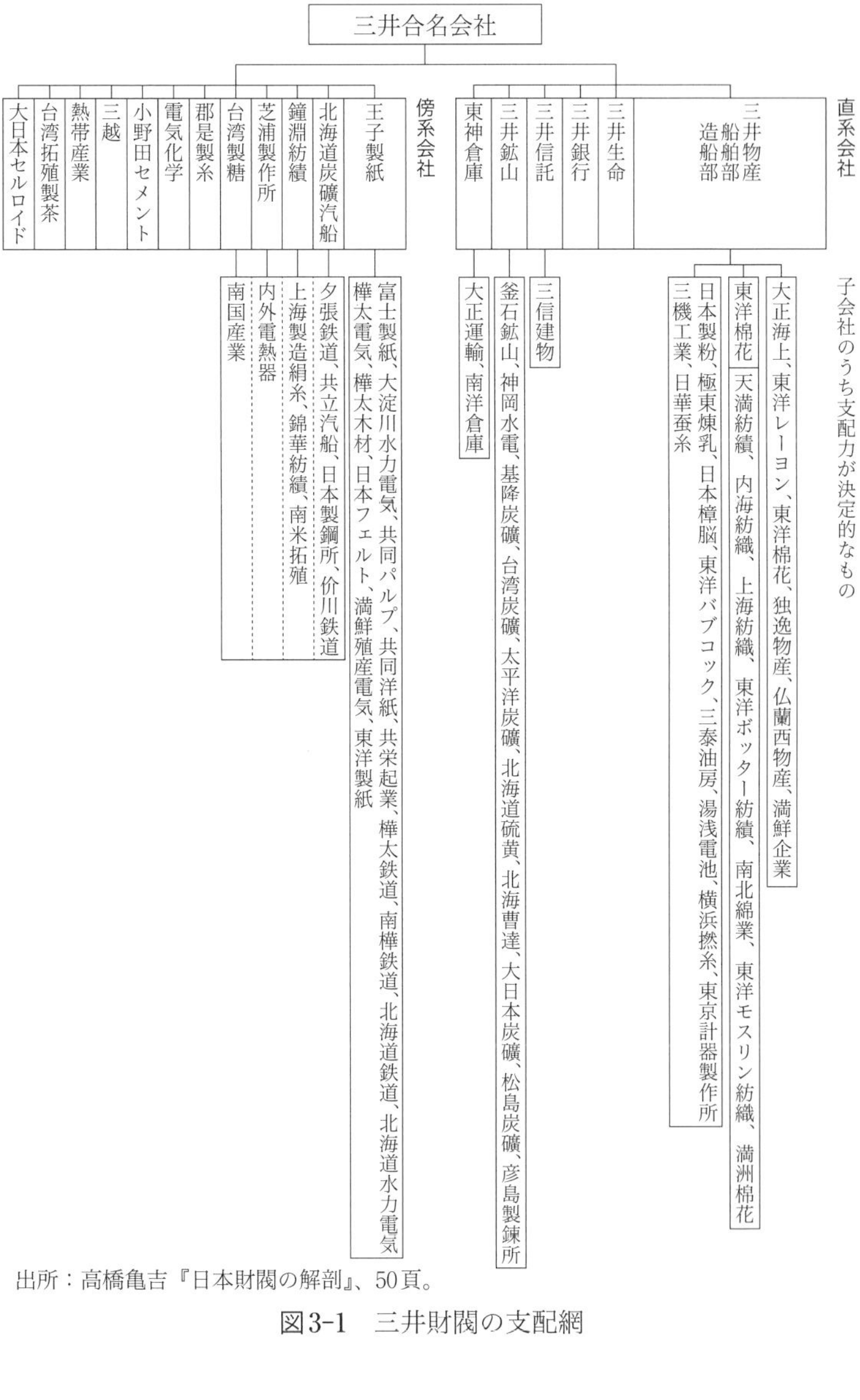

出所：高橋亀吉『日本財閥の解剖』、50頁。

図3-1　三井財閥の支配網

世間一般が三井・三菱・住友の三財閥をとくに「三大財閥」などと呼びはじめたのも一九二〇年代末からのことであった。もちろん、三大財閥と並べても、そのうちの三井財閥だけはまさしく別格の存在であった。高橋亀吉（同前）もいう。「三井は凡ゆる点に於て嶄然他に聳立してゐる。例へば、その資本の巨大なる点に於て、その支配産業種類の広範なる点に於て、且つそれ等支配産業の優秀なる点に於て、従つて又日本産業全体に対する支配勢力の強大なる点に於て、三井財閥は他の諸財閥とは丸で格を異にしてゐる」（四九頁）と。

また、これら三大財閥のうちでは、その勢力規模の大きさや事業範囲の広さだけでなく、財閥コンツェルンとしての体制が確立された時期、すなわち財閥本社とその傘下子会社という体制ができ上がったのも三井、三菱、住友の順であった。以下、一九二〇年代を中心に三大財閥の概要を見ていくこととするが、それらの本社は、それぞれ三井合名会社、三菱合資会社、住友合資会社であった。また、傘下の主要会社のことを、三井では直系会社、三菱では分系会社、住友では連系会社と呼んだ。これら大財閥ではさらに傍系会社や関係会社なども多く抱えていた。

財閥の三層構造　一九一四（大正三）年七月、ヨーロッパで第一次大戦が勃発した。それは日本経済に急激な変化を与えた。貿易収支で慢性的な赤字国だった日本は輸出急増によって黒字国に転じた。正貨保有高も増えて対外債務国から債権国になった。とりわけ、欧米からの工業製品（機械類や化学染料など）の輸入杜絶による国産自給化も手伝って、民間の企業業績は好転し数年間は未曾有の好景気を享受した。しかし、やがて投資ブームは過熱し、投機ブームへと変じた。ついに一九二〇年三月一五日には東京株式市場が大暴落して、いわゆる戦後反動恐慌が発生し、「不況から不況によろめく」一九二〇年代がはじまったのである。(1)

前章までに見てきたように、当時のジャーナリズムが三井・三菱・住友など大富豪の巨大な事業体をさして「財閥」と呼ぶようになったのは、この「不況によろめく」一九二〇年代の後半からのことであった。本章では、まず、かれらが「財閥」と呼ばれるほどの勢力範囲の拡大がどのようにして進められたのか、その特徴について追っていこう。すなわち、一九二〇年代の日本経済において、かれらの事業勢力範囲の拡張は実際にどのように進められたのか、「綜合財閥」の誕生劇についてみていこう。

武田晴人『日本経済の発展と財閥本社』はいう。「財閥と呼ばれる企業群は出資者である同族と事業の本社部分、そしてその現業となる事業所等という三層の構造をもつものであった」（一六頁）、と。つまり、家族同族による所有を頂点として、その下に「本社部分」が置かれ、さらにそれによって統括される「事業所等」という三層構造であったのだ、と。基本的にはその通りである。財閥は三層の構造をとっていた。たとえば三井財閥では、三井十一家による出資所有（「総有」）にもとづいて「本社部分」としての三井合名会社があり、その傘下には多くの事業会社を抱えていた。

しかし、もう少しだけ付け加えるならば、傘下の事業会社のうちでも主要なもの（たとえば、三井財閥の場合なら三井物産や三井鉱山など）は、前章でもみたように、三井財閥コンツェルンという「大宇宙」のなかでそれぞれ独自の「小宇宙」を形成していたことに注目したい。すなわち、以下では、これら三大財閥の一九二〇年代における勢力範囲の拡大が本社傘下の直系会社（また傍系会社）の増加だけではなく、同時にそれら直系会社（また傍系会社）自体がさらに自らの傘下子会社群を擁しはじめたことによっても進められたことに着目する。

あるいはまた、いま三井財閥については別に考えなければならないが、三菱財閥や住友財閥については、よく知られるように、傘下の直系子会社の多くはもともとは「本社部分」の内部事業（家業）が発展し、それらが次々に分社化されたことによって生まれた。その結果として、「本社部分」（三菱合資会社や住友合資会社）は傘下企業の株式を所有する「持株会社」へと転ずることとなった。それら財閥の「本社部分」は、これまで直営してきた現業部分を株式会社として外へ出したことによって（あるいは先に出ていた株式会社をとりまとめるためにも）、それらを管轄する持株会社へと転じたのである。このことは三菱や住友、あるいはその他の財閥においてもほぼ同様であった[2]。

しかし、この分社化ということに関して一つ留意しておくべきことは、財閥は必ずしもすべての直営事業（家業）を分社化したわけではなかったことである。すなわち、財閥によって多寡の違いはあるものの、すべてを分社化したのではなく、「本社部分」に直営の形のままに残された事業があったこと（あるいは遅くまで残されていたこと）も無視できない。ふつう一般に、第二次大戦前の財閥本社とは現業部分を持たぬ「純粋持株会社」であったと想定されることが多い。しかし、すべての財閥において必ずしもそうだったわけではない。かれらの内には直営の現業部分を多分に残していたものもあった。

なぜ、財閥によってはいくつかの事業を分社化しないままで残したのだろうか。なぜ、遅くまで直営のままに残したのであろうか。たとえば、住友の場合、他の財閥に比して、その「本社部分」は直営事業部門（「店部」）を長く持ち続けたのであって、そのことから三井や三菱などとは性格のやや異なる財閥であったことに注目する。

持株会社の設立　持株会社に関する第二次大戦前の理論的研究として、先駆的なものには脇村義太郎「持株会社に就いて」（『経済学論集』、一九二七年）がある。それは、まだ欧米企業の事例紹介が中心を占めていたが、「持株会社の著しい特長は先づそれが企業の垂直の合同にも水平の合同にも適して居ることである」（一七二頁）、あるいは、「異なる性質の事業を一会社内で営むよりも截然独立さすのを便宜とすることが屢々起る」（一五九頁）などと指摘していた。あるいは、西野嘉一郎『近代株式会社論―持株会社の研究―』（一九三五年）がある。同書の叙述のなかでは「純粋持株会社」という用語が使われたほか、「事業会社と持株会社との混合」したものをさして「事業会社兼持株会社」と呼んでいた（一四九頁）。たとえば、一九三〇年代中ごろには「我国に於ける持株会社は日本産業株式会社を除けば殆ど全部は所謂純粋持株会社（pure holding company）でなく事業会社兼持株会社（operating and holding company）である」（二三六頁）、など。

さて、さきに三井財閥を別に考えるとしたが、三井では他より先駆けて持株会社としての三井合名会社を設立していた。その誕生劇をみるならば、すでに自立性の高かった三井銀行、三井物産、三井鉱山という大企業（いわゆる「三本柱」）を糾合する形で、いわば三頭立馬車の御者のごとくに誕生したことがわかる。三井では三井合名会社を設立したことによって「三本柱」を一つに管轄する制度が整えられたのである。このことは、さきにふれたように、三菱や住友などでは「本社部分」から現業部分を順次切り離したことの結果として自らが持株会社へ転じた、というシナリオとはやや異なる。このことが、一九二〇年代のコンツェルンの発展成長の違い、あるいは財閥本社の集権や分権の度合いの違いにも反映されることになる。

三大財閥などの財閥本社の形成史についてはすでに数多くのすぐれた研究が積み重ねられてきた。いま、三大財閥についてその大枠だけをごく簡単に要約しておくならば、まず三井の場合、一九〇二（明治三五）年四月に同族会の事務局内に管理部が設置された。管理部の設置は「三井傘下諸事業をより緊密に結合させ、一個の統一した事業体に構築する三井内部の新たな編成であった」（春日豊「三井合名会社の成立過程」、一三一頁）。一九〇九年には管理部を改組して「三本柱」の上に立つ三井合名会社（五千万円）が誕生した。すでに、それより先に、三井銀行のスタート（一八七六年）に際して三井家の祖業たる呉服店（三越）が切り離されており、その後はほぼ金融業（銀行）が三井家の主要事業であった。それは、「明治維新期の御為替方以来三井家事業の本流となってきた銀行業が……自らの事業と一体化されてきた財閥本部を機能上、構造上で分離させる過程であった」（松元宏『三井財閥の研究』、五五六頁）。

あるいは、三井家では明治の初期（一八七四年）から国内各地の物産取り扱いのために国産方を設立していた。この国産方の事業についても、やはり有限責任制度の未整備であった当時、銀行業への影響を考慮して三井家の主業から分離され、三井分家の事業という形式がとられた。国産方は結局、一八七六年、井上馨、益田孝らの経営する商社（先収会社）と統合されて三井物産会社が誕生したのである。「三井物産会社は三井家事業の外業部門の一環として、法的には三井家およびその家業であった三井銀行と無関係の形で（すなわち所有関係がない形で）……三井銀行と同時に誕生した」（安岡重明『三井財閥史（近世・明治編）』、一三三頁）[3]。さらには、金融業の抵当などの形で各地の金属鉱山が三井組に入ってきた。それらはのちに三井鉱山として一括組織され、これに官営三池鉱山の払い下げ（一八八八年）として石炭業も加えられた。

このようにして、三井の「三本柱」のうち銀行および物産は三井合名会社が設立されるよりも前に、鉱山もまた合資会社や合名会社の形でさきに誕生していた。すなわち、表3-1に示したように、一九〇九年の三井合名会社の設立によって、これらのうち三井銀行（およびそこから分離した東神倉庫）と三井物産が、また一時的に合名会社鉱山部の形をとっていた三井鉱山も分離（一九一一年）されて、ここに「三本柱」は三井合名会社の傘下会社として統括されることになったのである。これら三社はいずれも、すでに明治日本の近代化の先頭に立って事業を展開してきた錚々たる大会社であった。

さて、それら株式会社を統括するために誕生した三井合名会社は三井十一家の当主たちを出資社員とする持株会社であった。この持株会社という形態の本社組織の設立によってこそ、同族（無限責任）による閉鎖的所有および傘下事業の有限責任化という両者を、同時に実現することが可能に

表3-1　三井の直系会社

直近の前身	直系会社
1876三井銀行	三井銀行→（1944帝国銀行）
1876三井物産	三井物産
1902三井同族会管理部	1909三井合名会社→（1940三井物産） →1944株式会社三井本社
三井鉱山（資）	三井合名鉱山部→1911三井鉱山
三井銀行倉庫部	1909　東神倉庫→（1942三井倉庫）
	1924　三井信託
高砂生命保険	1927　三井生命保険
	1936　（三井農林）
	1936　（三井造船）
三井鉱山三池染料工業所	1941　三井化学工業
	1941　三井不動産
	1942　（三井精機工業）
	1943　三井船舶

注：三井銀行は1944年に第一銀行と統合して帝国銀行となり直系会社から外れた。当時の「いわゆる直系会社七社」は、物産・鉱山・信託・生命・化学・不動産・船舶であった。三井文庫『三井事業史』本篇第二巻、256頁。

なったのである。(4)

三井合名会社という持株会社の設立は、益田孝（当時、同族会管理部副部長）による「欧米出張復命書」および「三井家営業組織改革意見書」（一九〇八年）を容れて実現したものであった。欧州の諸制度視察や富豪たちとの会見を経ての帰途、益田は米国での視察において、欧州に比べ「米国ハ極メテ新興国ニシテ富豪ノ旧家モアルベキ筈モナク……甚ダ失望セザルヲ得」なかった。ただ、そのなかでカーネギーの「ユー・エス・スチール・コルポレーション」を見て、「〈ホールディング・コンパニー〉ノ組織甚ダ見ルベキモノアリ」、それは「幾多ノ会社ヲ表面上合併スルコトナクシテ実際ニ其ノ権力ヲ併セテ掌握セルガ故ニ之ヲ〈ホールディング〉ト称スルナリ」と述べたうえで、「此ノ〈ホールディング・コンパニー〉ノ組織ハ三井家ニ取リテ最モ有益ナル参考トナルベキモノ」、などと提言したのである（三井文庫『三井事業史』本篇第二巻、七四七頁、『同』資料篇（三）、五〇五頁）。

三井合名会社の払込資本金は、設立時には五千万円だった。それが、第一次大戦を経て一九二〇年には一億九千万円に、さらに一九三一年には二億四千七百万円へと急増する。この一九二〇年代には傘下会社の数も急増した。すなわち、第一次大戦前には、三井合名会社の直系会社は「三本柱」および東神倉庫の四社だけであり、ほかに四社（王子製紙、芝浦製作所、堺セルロイド、小野田セメント）を子会社としてもつ程度のものであった。後述するように、一九二〇年代にはこれに三井信託と三井生命が直系会社として加わった。「私の入社した昭和二（一九二七）年頃にはこの六社……が直系会社といわれました……三井銀行は自他共に許す日本金融界第一位、三井物産は世界最大の商社……三井鉱山は日本の全出炭の一五％以上を占め」（江戸英雄「転換期の三井コンツェルン」、一二七頁）ていた。また、傍系会社としては王子製紙、芝浦製作所、鐘淵紡績、北海道炭礦汽船、三越など五社があり、さらに物産子会社の台湾製糖や北炭子会社の日本製鋼所などが加えられた。つまり、大戦前には「直系、傍系を合して十一社、その資本金は一億六千万円（公称）にすぎなかつた。それが昭和の恐慌期に於いては、直系、傍系、子会社、孫会社とピラミッド型に積上げられた支配会社数は実に九十七を数へ、その資本額（公称）は合計十二億三千万円に膨張」した。三井合名会社は、わずか「二十年足らずの間に支配会社数に於いて約九倍、その資本額に於いて約八倍」（高橋亀吉・青山二郎『日本財閥論』、七六頁）の傘下企業を擁するまでの持株会社へと急成長したのである。

他方、三菱についてみるならば、三菱合資会社の誕生は一八九三（明治二六）年と早かったが、それは同年の商法一部施行に合わせたものであり、三菱社事業の衣替え（法人化）にすぎなかった。その後、三菱の諸事業はそれぞれに合資会社内部の事業部門として成長してきた。一八九五年には銀行部や売炭部（のち営業部）が生まれ、さらに翌年には鉱山部の設置などが続いて「部制」がとられはじめた。一九〇七年には造船部も加わり、これらの各部には一九〇八年の職制改革において資本金額が設定され、いわゆる「事業部制」と似かよった組織として経営管理されることになったのである。「新しい各部は、資本金額の範囲内の投資、各部限りの規則・事務手続きの制定、各部所属使用人の人事、各事業所との間のコミュニケーションを一応自由な権限にもとづいて実行できることになった」（森川英正『財閥の経営史的研究』、二五六頁）。

この三菱合資会社が持株会社へと転換したのは、内部で成長してきた鉱山、造船、銀行、営業などの各部をそれぞれ株式会社の形で分社化して以降のことであった。すなわち、表3－2に示したように、「三菱合資が関係事業一切を分離して、従来の綜合的事業会社から純然たる持株会社、統括会社に変じたのは大正六～八年（一九一七～一九年）のこと」（高橋・青山『日本財閥論』、一八頁）であった。三菱ではそれらの分社化された株式会社のことを「分系会社」と呼んだ。「こうして三菱合資は地所部のみを直轄事業としてもつところの持株会社に転化した」（長沢康昭「三菱財閥の経営組

表3-2　三菱の分系会社

直近の前身	分系会社	
1893三菱合資会社	**1937株式会社三菱社→1943株式会社三菱本社**	
臨時製鉄所建設部	1917	三菱製鉄→（1934日本製鉄）
1907造船部	1917	三菱造船→1934三菱重工業
東京倉庫	1918	三菱倉庫
1899営業部	1918	三菱商事
1896鉱山部、炭坑部	1918	三菱鉱業
総務部保健課	1919	三菱海上火災保険→（1944東京海上火災保険）
1895銀行部	1919	三菱銀行
三菱造船神戸内燃機製作所	1920	三菱内燃機製造→1928三菱航空機→（1934三菱重工業）
三菱造船神戸電機製作所	1921	三菱電機
	1927	三菱信託
	1931	三菱石油
	1934	日本タール工業→1935日本化成工業→1944三菱化成工業
1911地所部	1937	三菱地所
	1942	三菱製鋼

織」、八六頁）のである。(5)

住友のケースもまた三菱のそれとよく似ていた。表3－3は住友の連系会社の設立を示している。住友ではそれまでの総本店の直営諸事業は「店部」の名で呼ばれていたが、それら店部をそれぞれ株式会社の形で分社化しはじめ、住友合資会社が設立されたのは一九二一年であった。合資会社の社長には家長たる十五代住友吉左衛門友純《ともいと》が就いた。(6)

同表からもわかるように、合資会社の設立前にすでに先行して設立されていた株式会社があった。たとえば、住友本店時代に開業（一八九五年）した住友銀行は内部で「銀行部」と称されていたが、一九一二年に株式会社として分離された。「株式会社住友銀行は住友における最初

表3-3　住友の連系会社

直近の前身	連系会社	
1895住友銀行	1912	住友銀行
1911住友電線製造所	1920	住友電線製造所→1939住友電気工業
1915住友鋳鋼所	1920	住友製鋼所→（1935住友金属工業）
1909住友総本店	1921	住友合資会社→1937株式会社住友本社
1899住友倉庫	1923	住友倉庫
	1923	住友ビルデイング
1913住友肥料製造所	1925	住友肥料製造所→1934住友化学工業
	1925	住友信託
1913坂炭礦	1925	住友坂炭礦→（1930住友炭礦）
1907日之出生命保険	1926	住友生命保険
1913住友伸銅所	1926	住友伸銅鋼管→1935住友金属工業
1916正蓮寺川沿地主組合	1927	大阪北港→1944住友土地工務
1896別子鉱業所	1927	住友別子鉱山→1937住友鉱業
1919土佐吉野川水力電気	1927	土佐吉野川水力電気→1934四国中央電力→1943住友共同電力
1909若松炭業所	1928	住友九州炭礦→1930住友炭礦→（1937住友鉱業）
	1934	住友アルミニウム製錬
	1934	満洲住友鋼管→1938満洲住友金属工業
1928新居浜製作所	1934	住友機械製作→1940住友機械工業
1920扶桑海上火災保険	1940	住友海上火災保険→（1944大阪住友海上火災保険）
1899日本電気	1943	住友通信工業
	1943	朝鮮住友軽金属

の法人組織であり、住友総本店が持株会社へ移行する第一歩となった」（山本一雄『住友本社経営史』（上）、二〇七頁）。一九二一年に住友合資会社が設立されると同時に、先行設立されていたこれら「会社ハ、事務処理ノ便宜上、之ヲ連系会社ト称スルコトニ決定相成候」と通達された。

合資会社の設立以降は、一九二三年に住友倉庫および住友ビルデイングの二社が誕生して連系会社に指定された。前者は合資会社の設立以前から株式会社化が検討（税金対策）されてきており、また後者は新たな住友本社ビルの建築が具体化したことに対応したものであった。その後、一九二〇年代には店部分社化の動きが本格化し、また企業新設なども加わって連系会社の設立が続いた。とくにその後半にはラッシュの動きさえみせたのである。

以上、ごく簡単に三大財閥の財閥本社（持株会社）およびその傘下会社の設立事情について見てきた。大枠だけをみるならば、三井では既存の「三本柱」を糾合（いわば寄せ集め）する形で出発し、その後に管理体制を整備しながら有力な傍系会社をも傘下におさめて急成長した。他方、三菱や住友の場合では、基本的に内部成長してきた家業を分社化することによって傘下会社が誕生し、自らは持株会社へと転じた。いずれにもせよ、三井、三菱、住友の三大財閥では、これらの主要な骨格部分に加えて、さらに一九二〇年代の不況期には企業新設や既存企業の買収などによって多くの傘下会社を擁することとなり、さらにコンツェルンの裾野を広げていくこととなる。

直系会社・分系会社・連系会社

高橋亀吉『日本財閥の解剖』では諸財閥における主要な傘下会社のことを、「その関係の親疎と、その資本系統とに由って」（三四頁）それぞれ直系会社、傍系会社と呼んで区分していた。「直系・傍系」とは一般的に、系譜図などの作成においても普段に用いられる用語である。それは辞書のなかにも見出せる。実際、先行して走った三井では、自ずと傘下会社を区分するのに直系会社や傍系会社の用語が用いられた。対して、三菱や住友の場合においては、内部事業（家業）の分社化の結果として傘下会社が誕生した経緯を反映して、三菱では「分

系会社」、住友では「連系会社」と呼んでおり、これらの呼称は内部の正式文書でも使われた。(7)

ここで住友を中心に見ていくならば、前章でもふれたように、高橋亀吉（前掲書）は、「住友の産業網はその資産の割に他に比し著しく小規模だ」と指摘して、「現在までに於ける住友王国の産業網について云へば……その大部分は、別子銅山と住友銀行とを両親として発展した謂はゞ嫡出子的産業の一団にすぎない」（二五八頁）としていた。あるいは西野喜与作『住友コンツェルン読本』でも、住友の事業は「別子銅山と住友銀行を根幹として発生成長したものであり、その基本的事業と派生的事業とは同根連枝の有機的一体である」（五二頁）などと語っていた。たしかに住友合資会社の連系会社の多くは「同根連枝」の店部の事業が分離されて株式会社となっており、その後、自前の産業部門を担うまでに成長発展してきた。まさしく、住友でも「ヤマ（鉱山業）」が事業多角化の主要な出発点であった。また、それら諸事業がかつては「同根連枝」であったがゆえにこそ、分社化（株式会社化）することを通じてそれらの重複部分を調整し、それぞれの事業領域を明確化する必要性も存在していた。

しかしながら、前掲表3－3において住友の連系会社の前身をみると、それらは必ずしもすべてが純然たる「同根連枝」というわけでもなかった。「住友の直系事業……一つとして別子銅山と関連なきはない。銅から生まれて銅に育つた芋蔓式の発展である」（西野『住友コンツェルン読本』、一八頁）、はいくらか誇張しすぎた表現であろう。この「同根連枝」という意味には、直接的にそこから派生展開した事業（「銅から生まれて銅に育つた事業」）だけではなく、事業上の必要性をもって新たに展開した事業も含まれていた。住友合資会社の誕生後において、考慮すべきなのは、かかる「同根連枝」の枠内に字義通りに制約されたままの成長では、のちに綜合財閥へと展開する途は閉ざされてしまったであろうということである。

住友の事業の骨格は「財本」たる鉱山業だけでなく、他方に銀行業があった。そして、住友がのちに三大財閥の一つにまで並べて呼ばれるには、もとは並合業から発展してきた銀行業（一八九五年開業）が一九二〇年代には急速な成長展開を遂げたことがあった(8)。

この一九二〇年代とは中小零細な普通銀行が淘汰されていく一〇年間であった。全国の普通銀行は一九二〇年には一三二二行あったが三〇年には七七九行にまで減った。そのなかで、とくに二〇年代後半には金融恐慌の影響もあって、さきに表1－2でみたようにいわゆる「五大銀行」への集中が急速に進み、それが全国普通銀行に占める割合は、預金高で一九二五年の二四・一％から三〇年の三六・五％へ、また貸出金では一八・四％から二九・五％へと急増した。表3－4は主要な銀行の預金高推移を示しているが、なかでも住友銀行の躍進ぶりは顕著で、一九三〇年には預金高において五大銀行の首位の座に躍り出たのである。このことが三井・三菱と並んで住友が「大財閥」の一つと呼ばれるのに大いに貢献していた。川田順も自慢げに回想する。「保守的の外観をそなへた住友だけれども、銀行は早くから海外支店を開いて外国為替を取扱ひ」、「横浜正金は別として、民間銀行でいちばん早く海外へ発展したのは住銀であつた。ロンドン、ニューヨーク、ボムベイ、上海等々の支店開設がそれであつた」（『住友回想記』五四頁、『続住友回想記』二三二頁）。

表3-4　主要銀行の預金高推移

（単位　千円）

	1904年	1910年	1925年	1930年
三井	46,644	90,248	436,985	666,167
第一	37,076	52,834	366,349	627,744
安田	(15,685)	34,006	571,728	590,124
第三	(15,869)	(31,128)	安田へ	
百十九・三菱	16,310	33,695	(311,826)	623,254
住友	24,193	44,110	415,909	675,892

出所：石井寛治「成立期日本帝国主義の一断面」『歴史学研究』第383号、1972年、5頁。

また、この一九二〇年代には、大財閥では銀行業に加えて信託業や保険業などの金融関連事業への展開がみられた。いわば銀行業を主軸とした「金融ワンセット」体制の整備であり、それは住友にとっても綜合財閥へと展開するための基盤確立において必須条件であった。

各財閥の信託会社の設立は、一九二二年の信託二法（信託法、信託業法）の制定を契機にはじまった。一九二四年の三井信託の設立を皮切りに、二五年には安田信託と住友信託が、二七年には三菱信託などが相次いで設立された。それは、とくに金銭信託の獲得をめぐる激しい競争を勝ち抜くためであり、すでに一九二〇年代末には全国に四七の信託会社が設立されていた。そのうち、これら四大信託は他を圧倒して、払込資本金で三三・八％の四社が信託総額では八二・一％を占めていた。あるいは、生命保険業界にも、四大財閥がすべて顔をそろえた。先行していた三菱の明治生命および安田の共済生命に続いて、三井や住友ではそれぞれ「経営のゆきづまった既成の保険会社を買収・再建する形」（森川英正「戦間期における日本財閥」、二九七頁）をとった。三井は高砂生命保険を買収して一九二七年に三井生命保険を、住友もまた日之出生命保険を買収して二五年に住友生命保険を設立している(9)。

高橋亀吉『日本金融論』（一九三一年）はいう。「我が大財閥の日本金融網に於ける位置は、絶体的にも亦相対的にも愈々拡大強化されつゝあり、そのインフルエンスは日本の金融網を完全に支配して居る。その傾向は金融界の中枢たる銀行及び信託に於て、就中最も熾烈である」（三八頁）、「信託会社の発展は定期預金専門の別種の大銀行を設立した」（二二九頁）、のであると。まさしく、これら「銀行、信託、保険に於ける預金的性質の資金」こそが「財閥の産業支配の巨弾」（五五一頁）となったのである。

二　「小宇宙」の形成

一九二〇年代後半にジャーナリズムから「財閥」と呼ばれはじめた三井、三菱、住友などの勢力拡大（「王国建設」）は、それぞれ本社傘下の直系会社（や傍系会社）の数の増加に見られた。先行していた三井では「三本柱」が中心で直系会社はさほどふえなかったものの、追いかける三菱や住友などでは直系会社（分系会社、連系会社）がふえている。しかし、また興味深いのは、その傘下の直系会社が自ら子会社群を擁して独自の「小宇宙」を形成しはじめたことである。しかも、その「小宇宙」の形成こそが、とくに三井財閥などでは財閥コンツェルン全体の裾野拡張の主役として大いに貢献したことである。

「小宇宙」の形成

前章でも見たように、財閥本社の主要な直系企業や傍系企業は自らの子会社群を擁した。とくに顕著な動きを見せたのは三井の場合であった。高橋亀吉『日本財閥の解剖』によれば、「三井合名の下に直系会社が六社、傍系会社が十二社、関係会社が十六社ある……加ふるに右直系会社及び傍系会社は、その下に更に子会社又は孫会社九十六会社を支配してゐる」(五一頁)。三井財閥コンツェルンという「大宇宙」の内部に、たとえば三井物産コンツェルンや三井鉱山コンツェルンなどのように、いくつかの「小宇宙」が形成されたのである。さきに図3－1において三井物産や三井鉱山などの傘下会社の顔ぶれを示しておいた。

まず、三井鉱山の方から先にみておくならば、その「小宇宙」のなかには三井鉱山の事業関連から支配下に入った各地の鉱山会社や炭坑があった。あるいは、新たに生じた化学関連の会社などもあった。つまり、三井鉱山による「小宇宙」の形成プロセスは親会社（三井鉱山）による鉱山業関連の水平的または垂直的な事業展開に沿って行われたのである。いわゆる「ヤマ」からの多角的な事業展開といってもよい。これは三菱や住友などにおける鉱山会社においてもほぼ同様に見られた展開であった。同様にして、三井の傍系会社（たとえば王子製紙や北海道炭礦汽船など）についても、その子会社の顔ぶれを眺めると、親会社の本業関連にもとづいてそれぞれの「小宇宙」を形成しはじめていたことがわかる。

こうした親会社の事業を主軸として展開された子会社設立の動き、いわゆる親子型の「企業グループ」の形成は、全般的には景気が回復しはじめた一九三〇年代に入ってからさかんとなる。しかし、三井財閥傘下の主要大企業ではこのように一九二〇年代からすでにスタートしていた。その場合、それら傘下子会社の多くは不況期に破綻整理された同業他社の事業で占められていたことにも留意すべきである。

つぎに三井物産による「小宇宙」形成についてみるならば、「その傘下には、直営の事業や産業子会社・孫会社を有し、それ自身ひとつの小コンツェルンを形成し」ていた（柴垣和夫『日本金融資本分析』、四〇二頁）。そして、この三井物産のケースもまた、親会社の事業展開と関連したものだったといえないわけではない。すなわち、商事会社として一手取引販売をしていた相手先企業を不況期に傘下に収めたという点では本業関連の展開であったといえなくはない。たとえば綿花取扱商であった東洋棉花を、あるいは同じ商社であった鈴木商店の破綻（一九二七年）によってその傘下企業（日本製粉など）を系列下に収めたこと、など。しかしながら、三井物産の場合、その傘下子会社の顔ぶれをみるならば、商事会社としての「本業」からの事業関連的な展開とはまた別の性格を帯びるものであった。鈴木茂三郎『日本財閥論』も述べていた。「三井物産は資本の形態から見れば単なる商業資本ではなく、巨大な商業資本のなかに、多くの産業の生産資本を持つてゐる」（四三頁）、と。

つまり、前掲図3－1にみたように、「総合商社」という事業内容を反映して傘下子会社の業種範囲はきわめて広いものとならざるをえなかったのである。とくに第一次大戦後における日本の産業構造の変化、とりわけ重化学工業化の進展に対応して、三井物産は「造船部の新設と拡大、内外の重化学工業有力企業との一手販売契約の締結、重化学工業子会社の新設という三つの方策を講じた」（山崎広明「一九二〇年代の三井物産」、三一二頁）という。三井物産は自らの内部に船舶部や造船部まで設けていたのであり、また、三井財閥全体の傍系会社として並ぶ台湾製糖や郡是製糸は、三井物産の子会社でもあった。

このようにして、三井物産は一九二〇年代以降の日本経済の変化を見通しながら、三井財閥コンツェルン全体の版図拡大の主体として大きな役割を果たしたのである。その際に、あえて「三井」の名は表面には出されず、たとえば「東洋」（東洋棉花、東洋レーヨン、東洋バブコック、東洋キャリア工業）や「三」の名を冠した企業（三機工業、三泰油房）設立などによる進出であった。

以上に見たように、三井財閥コンツェルンという「大宇宙」の内部において、いくつかの直系会社や傍系会社はそれぞれの「小宇宙」を形成していた。それらは傘下に子会社を抱える「持株会社」でもあった。すなわち、「かつて三井合名会社が担った役割である……外延的拡大は、この段階〔一九二〇年代〕において直系会社自身によって肩替りされつつあった」（松元宏『三井財閥の研究』、二一一頁）。それらのなかでも、とりわけ三井物産の活躍は格段に旺盛であった。三井物産は「小宇宙」の一つではあったものの、その規模は他の小財閥にも匹敵するほどに大きく、また事業範囲も多彩な広がりをもつものであった。

実際に、のちの第二次大戦中のことではあるが、一九四四（昭和一九）年に三井合名会社を改組し株式会社三井本社を設立するに際しては、ひとまず一九四〇年八月、この三井物産が財閥本社たる三井合名会社を吸収合併することになったのである。これは子が親を呑み込む「変態改組」ともいわれた。こうして、「三井財閥全体の持株会社となった三井物産は、昭和一九年三月、その交易商事部門と木材工業部門とを分離〔新・三井物産と三井木材工業を設立〕したのち、純粋の持株会社である株式会社三井本社へと目的および商号を変更した」（栂井義雄『三井財閥史（大正・昭和編）』、一五四頁）。一時的かつ便宜的な措置であったとはいえ、三井物産（その内部に組織された三井総元方）が三井財閥全体の本社の役割さえ担ったことになる。もちろん、そこには節税対策（同族の相続税負担や二重課税問題など）や、あるいは戦時経済に特有の複雑な事情があったものの、三井物産がこの「変態改組」の役割を担ったのもけっして不思議なこととはいえなかったのである。[10]

他方、三菱や住友ではまだ一九二〇年代には「小宇宙」の形成はスタートしたばかりであった。三井を追いかけていた三菱では、三菱造船から枝分かれする形で分系会社の三菱内燃機製造（一九二〇年）と三菱電機（二一年）が生まれた。また、住友でも当時はまさしく「店部」独立による連系会社設立の動きが相次いでいた。三菱や住友では当時はまだ分系会社や連系会社（さらには傍系会社や関係会社）の増加による版図拡大が中心であったといえよう。[11] 両者ともに「小宇宙」の形成は部分的に一九二〇年代からはじまっていたが、それが本格化するのは一九三〇年代であった。

たとえば三菱については、のちの三菱商事も「合資の営業部時代には、旭硝子や麒麟麦酒などの関係会社はすべて合資会社か岩崎一族によって設立され、営業部の直系の子会社は存在しなかった。

大正七年に独立して三菱商事になると子会社ないし投資会社をつぎつぎに設立していった」。しかし、「三井物産……に比較すると、三菱商事の子会社には一流の企業は存在せず」、「総合商社としての成立期から確立期にかけて、三井物産がもっとも得意とした綿紡績産業の原料輸入と製品輸出においてつねに失敗を続けた」（三島康雄『三菱財閥史』、五五頁、一〇七～八頁）、などと評される状況であった。

しかしその後、長沢康昭（「本社部門の役割」）が指摘するように、一九三〇年代に入るや、逆に「本社はこの時期にはきわめて消極的で、三菱財閥の外延的拡大は分系会社によって担われ」（二五一頁）るように変化しはじめた。また、住友でも鉱山や銀行などでは早くから「小宇宙」の形成がスタートしていたが、やはりまだ部分的であった。そのなかで、住友銀行による子銀行の展開がやや目立っており、それら子銀行は「連系銀行」と呼ばれていた

三　本社に残された直営事業

つぎに財閥本社（持株会社）に残された直営事業についてみよう。

高橋亀吉『日本財閥の解剖』は、一九二〇年代末の「三井王国は、以上〔直系・傍系会社〕の外、更に三井合名直属として、山林、農園、市街地及び建物事業を経営してゐる」と指摘していた。ただし、それらは「三菱の地所部の如く、財閥内に大なる勢力あるものではない」（五二二頁）とも述べ

ていた。三井合名会社が直営してきた農林土地事業は、一九三六年の三井農林、あるいは四・年の三井不動産の設立によって、また、さきにふれたように一九四四年の三井物産から三井本社への「変態改組」に際してすべてが最終的に分離された。

三菱では三菱合資会社の地所用度課が一九一一年に地所部として格上げされた。しかし、地所部はその後も分社化されないままに本社直営事業として残されていた。地所部が三菱地所株式会社として分離されたのは遅く一九三七年のことであって、その時点において三菱合資会社もまた純粋持株会社になっている。

以下では、財閥本社の直営事業について住友の事例を中心にみていこう。住友では、三大財閥のうちで財閥解体時まで本社に直営事業（「店部」）を残していたのであり、そこにある意味についても考えてみたい。

持株会社整理委員会『日本財閥とその解体』はいう。「終戦直前において住友本社の投資会社数は全部で一二〇社に上り、社数においては三井本社につぎ、三菱本社よりも多かつた」（一一二頁）。そして、その住友本社は「合資会社時代から株式会社へと続く伝統において、それ自身が事業を直営してきた……この点において三井、三菱両本社とは異つた特色を有していた」（一一九頁）と。あるいは、住友では「三井、三菱以上にコンツェルンの本拠としての住友本社が強力な統制力を有し、傘下会社の事業企画、経営監査、人事権を握ってゐた」のであり、しかも、「住友本社は、持株会社である丈でなく多少でも直営事業を行つており、鉱山、林業、商事の部門を有してゐた」（樋口弘『日本財閥の研究（一）』、二四頁）と。

前述したように、住友合資会社が大阪の地に誕生したのは一九二一年であったが、その翌年に作成された『住友事業案内』をみると、「目下其経営スル諸事業ハ正ニ十指ヲ屈スルノ盛況ヲ呈ス」、とある。合資会社の設立時点において住友の事業全体を見渡すならば、すでに株式会社として外へ出ていた三社（銀行、電線製造所、製鋼所）のほかにも、合資会社が直営する多数の事業所（店部）、およびいくつかの経営参加会社（土佐吉野川水力電気、大阪北港、日本電気、日米板硝子）があった。前者の直営事業所としては、たとえば別子鉱業所をはじめとする五鉱業所や、若松炭業所、林業所、住友伸銅所、倉庫、住友肥料製造所などがあった。さらに加えて、全国五か所の販売店と三か所の洋行（上海・天津・漢口）もあった。

さきに表3－3に示したように、合資会社が設立されて後にこれら直営事業所の株式会社化が本格化しはじめた。さらに、いくつかの事業会社も新設された。住友の事業全体の骨格は、その結果として、しだいに持株会社たる合資会社とその傘下に連なる事業会社（連系会社その他）とに分かれていくこととなる。合資会社は、傘下内部の直営事業所（店部）をつぎつぎと切り離して、自らはしだいに持株会社としての純粋度を高めはじめた。

しかしながら、住友では第二次大戦後の財閥解体時にいたるまで、その本社（住友合資会社、のち一九三七年に改組されて株式会社住友本社）はいくつかの直営事業を保持したままであった。それはたとえば、各地の金銀鉱山や林業所、あるいは販売店などであった。これらのうち、販売店については、住友は三井物産や三菱商事のような商事会社をあえて持たなかったことから、本社直営の店部として各地に支店が開設された[12]。

また、第一次大戦期のころから直営事業として乗り出した各地の金銀鉱山（北海道の鴻之舞金山、東北の大萱生鉱山、砥沢鉱山、九州の大良鉱山など）については、最終的には「一九四四年（昭和十九年）初以来、ほとんど全部を挙げて住友鉱業（株式会社）へ経営を委託しその損益尻だけを本社で受けもっていたから、一九四五年に入ってからは林業だけということができる」（持株会社整理委員会『日本財閥とその解体』、一二五頁）。

林業所　その林業所についてみていくと、総本店のなかに設置（一九一九年）されていた林業課は、合資会社のスタートとともに林業所に昇格した。「林業所は林業並びに付帯する農業に関する一切の業務を管理する所」であり、合資会社の経理部（経理第二課）によって管轄された。「林業所には事業課と経理課が置かれ、各地の事務所に対し本所と呼ばれた」（『住友林業社史（上）』、一九一頁）。表3－5に示したように、林業所は（四国別子を除いて）北海道・九州・朝鮮の各地計八か所に、一九二五年には八万町歩の、三〇年には十万七千町歩の広大な経営面積を持っていた。「終戦前に於いて、住友の殖林は四国、九州、北海道、朝鮮に亘り、実に十五万町歩に達した。一個の法人が経営する林業としては世界最大の面積なのである」（川田順『住友回想記』、一八五頁）。

住友がその本社統括のもとに、販売店はともかくも、金銀鉱山や林業所などの直営事業を長く温存し続けた理由は不明である。ただ、それらが確実性の高い資産であり、それらを分社化せずに直

表3-5　林業所の経営面積

（単位　町歩）

	1921年末	1925年末	1930年末	1935年末
北海道	4,480	9,873	12,075	12,413
九州	3,699	4,002	9,711	10,430
朝鮮	49,076	67,049	85,546	85,600
合計	57,255	80,924	107,332	108,443

出所：『住友林業社史』（上）、198、201、208頁。

営のままに残すことによって住友家の事業や家産保全を図る意味があったのではと窺われる。「住友総本店では、資産のうち土地・山林などの不動産を基本財産と位置づけ……いざというときに住友家を守る最後の財産と考えられていた」（『住友の歴史』（下）、二一一頁）。あるいは、第三代総理事であった鈴木馬左也は、合資会社設立の前年（一九二〇年、「総本店林業課事業所主席者会議」）の訓示でつぎのように述べていた。「我住友家年来の方針として、浮利を追うて仕事をやることを禁じ、極めて堅実なる仕事をすることにしてゐる……然しながら……考の行き届かぬ所もあり、又複雑となるほど目が届きにくくなる故に、他に安全なる道を考へ我住友家を一面に於て根柢より保護する必要ありと思ふ」、またとくに「山林事業は安全にして益々住友の基礎を強くする」（『鈴木馬左也』、四二四頁）、などと述べていた。

ちなみに、住友には合資会社の設立に前後して不動産会社の設立案があった。「本社並ニ製銅販売店所管不動産ヲ以テ株式会社創立ノ件」である。この設立案は、結局のところ一九二三年七月の理事会で否決されてしまい幻の設立案のままで終わっている。そこには、「一般ニ不動産ノ経営管理ハ他ノ事業ニ比シ年々ノ収益ハ少キモノナレトモ其収益タルヤ経済界ノ浮沈ニ影響セラルルコト少ナク極メテ確実ノモノナリ」、と提案されていた。また、その「経営主体ハ株式会社トシ特ニ住友ナル名称ヲ避ケタシ（実質カ住友ナルコトモ出来ルタケ曖昧ニシタシ）」、などとも書かれていた。

また、これら金銀鉱山や林業の経営は住友十五代当主との関係が深かった。とくに「北海道北見国に発見された鴻之舞金山が大正六年（一九一七）住友の有に帰したとき……家長の吉左衛門友純はこれを「家の至幸」として」喜んでいる（『住友鴻之舞金山史』、三頁）。これら金銀山買収には、当時の住友総本店支配人であった小倉正恒が尽力していた。小倉は「将来かならずくるであろう反動と不況の時期においてこそ、金鉱業がもっともその安定的機能を発揮できる」、それゆえに「中核である本店はぜひとも金山という安全弁をもち、経営の弾力性を強くしておかねばならないと考えていた」（八頁）。あるいは、「住友の林業進出を決断した十五代住友吉左衛門友純は北海道の山林を視察する機会を得なかったが、十六代友成は……昭和十一年五月鴻之舞鉱山を経て、渚滑《しょこつ》を訪れ」ている（『住友林業社史』（上）、二一七頁）。そのときの友成のうたとして、「開墾の丘の起き伏し遮りて低くかも見ゆ北見の海は」、また、「この岡に雨降りいでて楢林濡れて鳴くなる郭公のこゑ」、などがあった。

「財本」の分社化

さきに表3－2や表3－3で見たように、三菱合資会社や住友合資会社では内部事業を分社化することによって、自らは持株会社へと転じた。その場合、三菱では一九一七年から数年の内に主要な分社化が進められたのに較べ、住友の「それは徐々に行われた。だから住友でのコンツェルン形成は劇的でもなく組織的でもなく、漸進的で微温的であった」（安岡重明「四大財閥」『日本の財閥』、六〇頁)、などと評価されてきた。しかし、さきにも見たように、住友でも一九二〇年代後半には連系会社の設立ラッシュの様相を見せていた。

また、事業分社化の順序についてみるならば、三菱の場合では「分系会社が独立した順序」にはそこに危険分散の意図が働いていたとされる。すなわち、「当時もっとも経営が不安定であった三菱造船、三菱製鉄の分離独立からはじまり、不況に強い三菱銀行が最後に独立している。そしてまったく危険性のない地所事業は合資の事業部として残されてい」た(長沢康昭「三菱財閥の経営組織」、八七頁)。

住友の場合では、内部事業(店部)が分離された順序は、一九二五年の住友肥料製造所に続いて、翌二六年には住友伸銅所が住友伸銅鋼管の名で株式会社化され、さらに二七年には別子鉱業所が住友別子鉱山株式会社(資本金千五百万円)として分社化されている。

これらの内、とりわけ別子鉱業所については古くから住友家伝来の「我一家累代ノ財本」と仰ぎ謳われてきた店部であった。別子鉱業所という「財本」を株式会社として分社化するには決断が求められた。すなわち、その分社化の時期は主要店部のなかで遅かったが、それは十五代住友吉左衛門の逝去(一九二六年)と無関係ではなかったように思われる。[13] 同時に、「財本」を分社化するかどうかの決断は、それまで長年にわたり別子鉱業所が保持してきた「稼ぎ頭」としての地位とも関わっていた。「別子の住友全事業に占める比率は、明治四十二年住友総本店発足当初の七〇%強から大正末には三〇%前後にまで低下していた」(山本一雄『住友本社経営史(上)』、八〇一頁)。あるいは、第一次大戦中の四年間の住友全体の収益は五千万円に達し、その五分の三は「財本」たる別子一山が占めるほどであった。しかし、一九一九年以降には「稼ぎ頭」の地位を銀行に譲ったのであり、その地位が低下したこととも無関係ではなかった。

別子鉱山の分社化はこうした状況変化のなかで、最終的には家長吉左衛門の逝去を見届けたうえで慎重に実施されている。長年「財本」であり続けた別子鉱山は、そこから電線や伸銅、肥料などいくつもの関連事業を誕生させた末に、一九二七年、連系会社の一つとして分社化されたのである。別子鉱業所の分社化は、住友が伝来の「財本中心主義」から明確に訣別し、綜合財閥へと舵を切ることを示す象徴的な出来事でもあった。翌一九二八年には家法改正が行われ、家憲の制定（一八八二年）以来長く語り継がれてきた「予州別子山ノ鉱業ハ万世不朽ノ財本ニシテ……」云々の章句が削除されている(14)。

四　財閥組織の集権と分権

森川英正『財閥の経営史的研究』は「財閥の経営組織は分権制と集権制のデリケートな組み合わせであった」（二六二頁）、と述べている。もちろん、集権と分権の両者はもとより対立する概念ではなかった。一つの組織体として存在する以上、全体を貫く基本は集権であるの他ない。財閥にしても一つの組織体であるからには、あくまでも本社統括にもとづく集権という基本のうえで、どれだけ傘下企業に分権の余地を与えうるかの問題であった。

いうまでもなく、そのことは財閥同族の所有のもとで専門経営者による経営（いわゆる番頭経営）がどれほどの実権をもちえたかと関係する。同書（三二頁）は「財閥のトップ・マネジメントをめぐる財閥同族と専門経営者のさまざまなかかわり方」について述べており、これを端的にまとめて、三井では三井十一家と専門経営者による「実権分有型」、また三菱では岩崎二家による「同族陣頭指揮型」、さらに住友では当主は君臨するのみの「経営者委任型」と表現している。安岡重明「戦前期日本の財閥所有者と専門経営者の関係」（『経営史学』）は、「三井財閥と安田財閥においては、財閥所有者の同族が財閥の運営について、専門経営者陣に対して要求をつきつけたりみずから経営にのりだし……時代の流れにのり遅れることを余儀なくさせた……陣頭指揮型の三菱や経営者委任型の住友では、そのようなトラブルは起こらなかった」（一二頁）、と述べている。(15)

かつて柴垣和夫『日本金融資本分析』は述べていた。「かれら（番頭たち）は実質的にはかなりの実権を有しながら財閥家族にたいしてあくまで主従の関係にたち、「主家」のために持株会社の立場から経営にあたり、けっして出身企業の立場から事にあたることはなかったし、またあたりえなかった」。かれらにとって「傘下諸企業はすべて主家の財産として等質的に観念せられていたのである」（三一七頁）、と。

財閥の経営組織（「三層構造」）において検討すべきなのは、こうした家族同族と専門経営者たちとの関係だけではなく、さらに「本社部分」と傘下子会社との関係であろう。「本社部分」が持株会社となって子会社を有するようになるや、検討の主要な焦点はそこへ移らざるをえない。時代環境の変化に応じて傘下子会社は成長し、しだいに分権の余地を広げながら「本社部分」の羈絆から離れようとする。そこから新たな「分権制と集権制のデリケートな組み合わせ」ができてくる。

これまで見てきたように、三井では既存の「三本柱」を糾合して最初の骨組みができた。三井合名会社を持株会社とするその骨格は、三菱や住友とは異なって、もとより分権的な傾きをもってぃた。対して、三菱や住友では、現業部門を分社化して分系会社や連系会社が誕生している。もともとそれらは一つの内部組織であった。しかし、それは別法人の形をとって本体から分離されたのであり、商法の規定によって独自の重役制度を有する存在へと変わりはじめた。かつての内部事業は分社化され、独自の成長展開と事業拡大とを担う主体へと変化するなかで、それらが徐々に分権化の動きを見せるのは必然であった。この動きを全体的にどう統一体として管轄するのか、三菱や住友では内部事業の分社化に際して新たに傘下企業の権限範囲を画定する必要が生じてきた。

財閥本社と傘下会社の権限

三菱では合資会社設立の翌年、一九一八年に「分系会社資金調達並運用方取極」および「分系会社ト合資会社トノ関係取極」を制定している。三島『三菱財閥史（大正・昭和編）』は「この二つの「取極」は、独立した各分系会社が本社に対して「反乱」をおこさないように、厳しく統制しようという内容をもつもの」（六五頁）、としている。しかし、長沢康昭（「三菱財閥の経営組織」）によれば、「この「取極」は従来の事業部と本社との関係とそれほど大きな相違はない」、としており、従前の事業部時代と較べるならば、内部の諸規則の制定について報告の必要が生じたことや、あるいは予算編成権が与えられたことなど、「いずれにせよ一定の変質にとどまった」（九二頁）、と評価は分かれる。続いて一九年には「分系会社重役会内規」（二一年に改訂）が制定され、その九条には各社の「重役会ニテ決議シタル事項ハ其施行前取締役会長又ハ常務取締役ヨリ本社社長ニ報告シ其承認ヲ得ベシ」、と本社による統制が確保されている。

しかし、一九二〇年代の不況や各社の事業内容の違いがもたらした「不均等発展」という状況変化のなかで、一九二九年にはこれら「取極」や「重役会内規」は改正されざるを得なかった。すなわち、新たな「分系会社ト本社トノ関係」が定められて、「大体において分系会社へ大幅に権限を委譲した」ものへと改正された。「本社が統制を弱め、分系会社が自立性を強めたことは、それらの独自の発展を可能にした」（前掲、長沢、九五、九七頁）わけである。とくに、分系会社の「重役会ニテ決議シタル事項ハ決議後遅滞ナク議事録写添へ……本社々長ニ報告スヘシ」、と事後報告だけでよくなった。また、本社の重要な職能であった正員採用も一九三一年一月以降、分系会社がそれぞれ独自に行うように改められている。岩崎小弥太が社長の時代にはまた揺り戻しも見られたものの、基本的には各分系会社への事業分権化は進んだ。

他方、住友においても合資会社設立の一九二一年に「住友合資会社事務章程」および「連系会社及ビ其他会社ノ役員ニ関スル内規」が制定されている。前者の「事務章程」では、「本会社ハ社長〔住友吉左衛門〕之ヲ統督シ」（三条）、また総理事の職務権限としては、「社長ノ命ヲ承ケ、会社全般ノ事務ヲ総理シ、部下各員ヲ指揮監督シ其統一ヲ保持ス……社長事故アルトキハ、其代理ヲ為ス」

（四条）、などとあった。他方、後者の「役員ニ関スル内規」では各連系会社に毎年度、事前の「会計見積書」と事後の「実際報告書」の提出を義務づけていた。「本内規には、連系会社の役員はすべて合資会社が決定し、重要事項の決定に際してはあらかじめ合資会社の承認を得ておく必要があることが明記されていた」のであり、住友ではその後もこの内規は「連系会社を支配する憲法となった」（山本（上）、四六四頁）。

高橋亀吉（『日本財閥の解剖』）は、一九二〇年代を通して「住友王国の支配組織は形式的には最近著しく近代化して来た」、といぅ。しかし、半面では、「三井、三菱王国に於ては各事業はそれぞれ多大の独立性を有し謂はゞ一種の連邦制であるのに対し、住友王国は著しく中央集権的で、各事業首脳者の独立性は極めて限られ、重要事項は一々、合資幹部の認可を要する。その上に総理事が、文字通り専制君主権を持つてゐる」（一六四頁）、と述べていた。その中央集権的な住友においても、あいつぐ連系会社の誕生にともなって、「本社集権主義と店部（株式会社）分権主義との葛藤」（山本（上）、四五五頁）が見られるようになった。

住友の主管者協議会

住友には合資会社が設立される前の一九一三年から、総本店内の各店部の首脳（主管者）たちが年に一度一堂に会する主管者協議会というものが設けられていた。牧知宏「大正・昭和戦前期における住友の主管者協議会」によれば、それは、住友の事業全体が「一個ノ有機体」として「統一・秩序・協力」することを願って、第三代総理事鈴木馬左也の考えによって始められたものであった。それまでの住友の事業は「専ラ内部ニ考ヲ向ケ」てきたが、時代は変わりつつある。これからは「実業ノ戦」に打ってでなければならない、として主管者協議会は総本店が合資会社に組織変更されて後も毎年続けられてきたのである。

主管者協議会は「住友の事業を実際に担う各店部、連系会社の主管者と、本社部門の理事、スタッフが一堂に会する」ものであり、「本社部門と各店部、連系会社の関係を議論するのに最も適した機会であった」（一五五頁）。もちろん、それは「住友全体の組織運営においてトップ・マネジメントを担う議決の場ではなく、あくまで本社と各店部・連系会社の間の協議、意見聴取の場であった」（一五七頁）。すなわち、本社・連系会社間および連系会社相互の「意思疎通ヲ図ル」ものであった。とくに、住友では事業全体の骨格がかつて「嫡出子的、同根連枝的」であったことを反映して、もとより全体の人事や会計など「各店部共通ノ問題」が多かった。

しかしながら、総本店が合資会社へと改組されて以降、しだいに変化がみえはじめた。これまでの店部が分社化され連系会社がつぎつぎと設立されたのであり、しだいにそれぞれ独自の事業範囲が截然と画されはじめた。その結果、主管者協議会でも、「其ノ実際ヲ観ルニ各種業態ヲ異ニスル各部間ニ於テ議題トシテ討議スヘキ共通ノ問題少ク」なってきた。つまり、総本店時代に比べて「事業ガ漸次多岐ニ分レテ共通ノ問題ガ少ナクナッタ」ことから、ついに一九三〇年になると「主管者協議会存続ノ要否ニ関スル件」（本社庶務課提出）についての議論が展開されたのである。協議会の存否自体が話題とされるほどに、事業全体の分岐が進みはじめたといえよう。しかし、そのときは小倉正恆（のち総理事）の一言、「要スルニオ集リヲ願フコトニ重キヲオカレレバソレデ良イノデ、存続ノ要アリト思フ」、ですべてが片付けられてしまい、主管者協議会はその後も「意思疎通ヲ図ル」会合として毎年続けられていくことになる。

「銀行の異質性」

さきに見たように、住友の連系会社の設立は一九二〇年代の後半にとくに顕著であった。この時期は湯川寛吉が第五代総理事をつとめた時期（一九二五年〜三〇年）と重なる。住友銀行の役員などを経てから「総理事となった湯川は、翌十五（一九二六）年三月の十五代家長友純の逝去を契機に別子を始めとする事業所の分社化に踏み切った」（末岡照啓「近代住友の企業統治と総理事」、二六頁）。一九二八年の主管者協議会において、湯川は総理事としてつぎのように訓示していた。「財界ハ依然トシテ不況ノ域ヲ脱セズ、加フルニ昨年春ノ金融大恐慌……ニ拘ハラズ、此間ニ処シテ我住友ノ事業ハ益堅実ナル発達ヲ遂ゲ、殊ニ最近二三年間ニ於ケル発展ハ著シキモノガアル」、と。

その湯川は積極策の提唱者であった。あるいは分権主義者であった。一九二六年の訓示でも、「住友ノ事業ガ近来種類ニ於テ、又規模ニ於テ既ニ単ナル私的営業ヨリ離レ、漸次社会的団体ト」なってきたことを強調し、つぎのように述べていた。「住友家ノ新事業ニ対スル態度ハ慎重熟慮ヲソノ標語トシマスガ、決シテ消極退嬰ヲ事トシテ居ルノデハナイ」、あるいは、「徒ニ軽挙スルハ最モ戒ムベキトコロデアリマスガ、又徒ラニ旧来ノ事業ニノミ閉ヂコモツテ、他ヲ顧ミザルハ時運ニ遅レル所以デアリマス」、などと。

大島堅造『一銀行家の回想』は語る。「住友銀行は、湯川さんの時代になって急に発展し……文字通り日本一の大銀行となった」（五七頁）と。あるいは、「銀行の海外発展の如きは……湯川さんが最高責任者としてそれが実現に努力せられた賜物に外ならない。住友銀行が財界に大に羽翼を延ばす好機に際会してゐた時、湯川さんの如きタイプの指導者を持つたことは又とない幸運であつた」（大島「逝ける湯川さんと私の追憶」『井華』第二一七号、一九三一年）。

集権主義の住友のなかにあって、銀行は終始独自の地位におかれ、時に別格扱いされる存在であった。たとえば、「さすがに住友銀行だけは、かやうな鈴木〔総理事による役人の古手買い〕の人事を容れなかつた。八代〔則彦〕の下で薫育した人材のみを以つて幹部職員を構成した」（川田順『続住友回想記』、九八頁）。

山本一雄『住友本社経営史（上）』も、住友の諸事業のなかにおける「銀行の異質性」についてふれている。「住友銀行という金融業が開業時から有していた、別子銅山から派生した住友の他の事業展開との異質性が、住友総本店からの分離独立を促した」（二〇八頁）のだと。

湯川の後を継いで総理事となった小倉正恆は、しかしながら、昭和恐慌や一九三〇年代の時代変化を背景として、やはりもとの手堅い集権主義へと回帰せざるを得なかった。そのなかで、この「銀行の異質性」は、のちに一九三五年、一つの出来事へとつながった。「本社常務理事の川田順は小倉総理事の集権主義に反対し、本社を産業部門と金融部門に分離する意見書を提出した」（末岡「近代住友の企業統治」、三五頁）。川田は突然の辞意表明とともに一通の意見書を提出したのである。かれはのちに自ら記している。「他日小倉総理が引退する場合には、従来の中央集権を改めて、住友の諸事業を産業部門（鉱山、炭礦、製造工業、林業、水力電気等々）及び金融部門（銀行、信託、倉庫、生命保険、火災保険等々）に二大別し、総本社及び総理事制を廃止すること、両部門には各理事長を置き……簡単に云へば、大住友を二分すべしといふのが愚案の要旨である」、と。あるいは、「産業と金融と、性質の異なる事業を一個の総本社、一人の総理事の下に統括し運転することには無理がある。又、あまりに厖大な財閥には不必要に風当たりが強い」（『続住友回想記』、一八四頁）、などと。川田案は、これまでにも多数の「嫡出子的産業」を生み出してきた住友合資会社を二つの「持株会社」に分割せんとするものであったが、まったく無視されてしまった。[16]

住友の経理部　財閥本社が持株会社として機能するためには実務的な「本社集権主義の核」が必要であった。たとえば、三菱では査業部が、また住友では経理部などの部署が設置されている。一九一七年に設置された三菱の査業部は「事業ノ調査並企業ニ関スル一切ノ事務」を取り扱う部署であった。

住友の経理部については、牧知宏「近代住友における本社部門経理部の機能」がくわしい。そこでは、「事業部門の組織変更（株式会社化）や新規の事業に進出する場合には、経理部が特に大きな役割を果たした」、と指摘する。なぜなら、そうした「意思決定を行うための稟議の起点に経理部が位置」していたからであり、その背景には「経理部による調査活動があった」（一一二、三頁）、という。また、「各事業部門の「指揮監督」を職掌とすることになった経理部の機能にこそ「本社集権主義」が表出されている」（一一四頁）、とも述べる。あるいは、同論文は、当時の経理部員（香川修二）の日記を取り上げて、たとえば住友別子鉱山の設立について、「別子を連系会社とするに際し、地所課、山林課のみは本社の所有とし、経営を新会社に委託するに付きその契約案を作成」（九五頁）した、などとある。

一九二五年から三三年まで住友で経理部長をつとめた大屋敦『産業一路』はいう。かつて「各々の仕事にはその性質に関連性があったため、これを一元的に経営することは必ずしも不可能でないので、当初は住友総本店に全事業を集中経営しておった。それで永く本社の経理部長をしていたときには、今考えれば一寸不思議に感ずるくらいに、あらゆる店部の事業計画というものが皆本社の経理部を通るということになっており、またあらゆる新しい仕事をやるには必ずそれが本社の経理部を通っていたのである」（二五四頁）。

このようにして、「純然たる持株会社としては、住友の住友本社、三菱における三菱社、安田における安田保善社等があるが、最も組織的な統制方法をとつてゐるのは住友本社であらう」として、由井眞吉「コンツェルンの統制機構」（一九四一年）はいう。「住友本社の重役は系統会社の指導者を網羅してをり、各社に対する方針も凡てここで決定されるが、常時系統会社の指導統制に当たるのは主として本社経理部である。経理部は名前こそ経理部であるが、実質は充実した調査、企画、審査の機関」（二五八頁）であった。

なお、住友、三菱ともに「社長」といえば本社社長だけを指していたが、一九四一年からは傘下会社のトップ職名も社長へと変更されている。

五　三大財閥の覇権

一九二〇年代末には三井、三菱、住友は「三大財閥」と呼ばれるようになった。また、日本経済の一九三〇年代はいわゆる「独占資本の時代」ともいわれた。三大財閥をはじめとする諸財閥は、それぞれ持株会社の役割を担う財閥本社によって統括されるピラミッドを築き上げていた。財閥コンツェルンのピラミッドが明確に姿を見せるようになったのであり、新聞や雑誌などのジャーナリズムも公然とかれらを「財閥」と呼びはじめた。

しかし、それぞれの巨大なコンツェルンの形成だけでは独占的な産業支配網は完全でなかった。「独占的支配」とは産業分野ごとに競争する同業者企業間による市場制覇を意味しよう。すなわち、財閥はそれぞれのコンツェルンの枠組みを超えて、それらにまたがる形で、すでに一九二〇年代から産業別にカルテル組織を結成しはじめた。これらカルテルの有力メンバーの多くは各財閥傘下の大企業であった。武田晴人『日本経済の発展と財閥本社』はいう。これら産業別のカルテル結成によってこそ、「その基盤の上に立って、財閥は縦横の組織化の要に位置することになった」（一三七頁）のだと。また、このようなタテの枠組みを超えた同業メンバー企業同士のヨコのカルテル結成によって「二〇年代後半に財閥資本の支配的地位が確立したと考えている」（一七一頁）とも述べる。カルテルの結成はその後も一九三〇年代にかけてさらに積極的なものとなる。

一九三一年の重要産業統制法の制定はカルテル結成を政策的に促した。同法は、当時、昭和恐慌の混迷のなかで、「産業合理化」を目指してカルテル活動を奨励したのであって、「企業統制ノ必要アル場合ニ於テ組合員タラサル同業者ニ対シテモ組合ノ統制ニ服セシムルコト」という、アウトサイダーをもカルテル協定に強制的に従わせる内容のものであった。高橋亀吉『日本経済統制論』によれば、一九三二年末時点で八二のカルテルが存在していたが、そのうちの六割近くは一九三〇年以降に結成されたものであった（一二七頁）。

柴垣和夫『日本金融資本分析』はいう。日本では「まずもって「資本独占」たるべきコンツェルン形態の機構的成立が先行し、その後に、このコンツェルンの主導下に横断的独占組織＝カルテルの形成が展開した」（三二九頁）と。あるいは、これらのカルテルは「財閥コンツェルンの支配を補完し補強するものとして機能し」（三三五頁）たのであり、財閥コンツェルンは市場独占体としてのカルテルを従属的に内包するものであった、と。

一九二〇年代の不況期を通して、とくに金融恐慌を画期として、財閥コンツェルンは「二流財閥」傘下の主要企業などを吸収再編しながら、その輪郭を明らかにしつつあった。また、産業別のカルテル結成にも積極的に動いた。それら巨大な経済力をもつ事業体の出現を目の当たりにして、そのころになると、新聞や雑誌なども遠慮することなくかれらを「財閥」と呼びはじめたのである。

高橋・青山『日本財閥論』（一九三八年）はいう。「以上之を要するに、大戦当時の財界空前の沸騰期に於ける躍進、次いで其後の恐慌期に於ける已成事業の傘下吸収を加へ、大財閥の事業規模は、茲に縦にも横にも前代と比較にならぬ文字通りの隔世的飛躍を遂げた。而もそれに照応してこの間に財閥機構の上でも近代的コンツェルン組織化が出来上がり、かくて、今日の既成大財閥はいづれも綜合的独占体として……完成せる姿態を示すことになつた」（二一頁）、のであると。

注

（1）小島精一『企業集中論』はいう。「産業組織（大企業）の発展過程は決して坦々たる大路を円滑に行進するものではない。屢々沸騰と恐慌とに際会して段階的な躍進をなしつゝ、前進を続けるものゝ如くである。そして世界大戦及びそれに引き続いた不安と混乱との数年間の如きはかゝる躍進期の最も顕著なるものゝ一つであつた」（六六頁）。日本の一九二〇年代については、製造業の成長率でみるとむしろ対アメリカ比で高く、都市化・西欧化の進展や電力投資などもあって、必ずしもすべてが「不況から不況によろめいた」わけではなかった。しかし、関東大震災（一九二三年）の影響が大きくその後遺症が重なった。

（2）「本社部分」が合名会社や合資会社に法人化（法人成り）したことと、それらが実際に持株会社に転じたこととは別のこととしなければならない。粕谷誠・武田晴人「両大戦間期の同族持株会社」、参照。

（3）「三井物産は前身は妙な会社だつたが……益田〔孝〕一人で苦労して……外国を相手の商売ですから仲々無理な金融もする、香港、上海あたりでは必ずしも評判がよくなくて、益田は富士の山に船を漕ぎつける様なことをすると香港銀行のマネージャーが言つてた程だ……三井八郎右衛門といふ人は、どちらかと言えば銀行系統のガッチリした人柄だから……三井物産のやり方にあまり好意を持つて居ない。物産に三井の名をつける時にもゴネた位であつ」た。池田成彬『私の人生観』、七一頁。

（4）安岡重明『三井財閥史（近世・明治編）』は、三井家が日本で最初に持株会社を設立（一九〇九年）した理由の一つとして、「諸会社の規模が早くから巨大化したこと」と並べて、「三井家の諸事業の出資者が一一軒という多数であったこと」（二三六頁）を挙げている。岩崎は二家、住友は一家であった。ちなみに十家であった安田家でも（名）保善社（一九一二年）の設立は三井に次いで早かった。旗手勲『日本の財閥と三菱』はいう。「三井・住友は番頭政治を特色とする。例えば三井十一家は、社長などの重役にはなるが、実権は……大番頭や各社の幹部が握っている。また住友は更に徹底しており、住友の家長は役員会にも出席せず、「君臨すれども統治せず」という形態がとられた。代わりに……歴代の大番頭がすべての采配を握っていた」（一一頁）。

（5）ちなみに、三菱合資会社が直営事業の地所部を独立させ三菱地所株式会社を設立したのは一九三七年であった。しかし、「その時期でも同社の所有する建物は二棟、土地は三〇〇〇坪にすぎず、三菱合資の所有する土地六万二六〇〇坪、建物六六棟（五万一八七八坪）の管理・経営を受託するのが重要な業務であった」。三島康雄『三菱財閥史（大正・昭和編）』、四八頁。なお、三菱では合資会社による管轄とは別に岩崎家として支配する事業群（三菱製紙、旭硝子、東山農事など）があり、のちに「縁故会社」と分類されている。たとえば、三菱では「所有権の確定において……個人的所有権を大きく認めたことから、本家および分家が支配する会社群が三菱合資とは別に形成され……これらは岩崎家の所有にあり……三菱合資の統制を受けることがなかった」長沢康昭「三菱財閥の経営組織」、七九頁。

（6）友純は一八九三（明治二六）年に徳大寺家から婿養子入りして住友家の家督を継いでいた。新会社の「形式は合資会社となっているが、住友合資会社は共有財産でも共同経営でもなく、実質は家長一人の所有に属することが明らかであった」。栂井義雄「三大財閥本社の企業形態の変遷について」、五六九頁。

（7）「分系」「連系」という用語は辞書には見当たらない。また、三井の「直系会社」や「傍系会社」は慣用的な呼称として用いられた。のちの一九四四年になって「直系会社・準直系会社」が正式に指定されている（後掲表5－6）。また、三菱においては、三井で傍系会社とするものを「関係会社」と呼び、分系会社の傘下企業を「傍系会社」としていた（三島康雄『三菱財閥史（大正・昭和編）』、一四七頁）。なお、住友の

「連系会社」は当初は「連属会社」であった。「連系会社」の呼称の経緯については、下谷政弘「住友の本社組織と連系会社」『住友近代史の研究』、第三章。

（8）とりあえず、佐藤秀昭「明治期住友の並合業」および安国良一「明治期の住友銀行と銀行組合」、いずれも『住友近代史の研究』所収。

（9）損害保険業については、三菱が東京海上火災や三菱海上火災の他にも明治火災など八社の損害保険会社を系列下におさめて「一大損保王国を形成していた」。三島康雄『三菱財閥史（大正・昭和編）』、一四一頁。

（10）後掲表5-7にみるように、一九四四年に直系・準直系会社が指定された際、新たな準直系会社一二社のうち九社はかつての三井物産の子会社で占められた。「準直系会社の指定は、従来三井物産系統の支配下にあった諸企業を三井本社の統轄のもとに移し、それらの事業の発展を助成しようとする点に主たる目的があった」。安岡重明編『三井財閥』、二八八頁。

（11）なお、森川英正「戦間期における日本財閥」は、三井および三菱・住友の重工業部門への進出の違いとして、「三井の場合に目につくのは経営危機におちいった財閥からの事業の買収であり、三菱・住友の場合に目につくのは外国企業との資本提携である」（二九三頁）、と述べていた。たとえば、三菱では造船、内燃機、電機関係などで海外からの積極的な技術導入があり、また、住友の場合でも外資との提携で一九二〇年代初に日米板硝子や日本電気などに経営参加している。

（12）牧知宏「大正期における住友販売店」『住友史料館報』第四八号、また同「住友本社の販売店―戦時期を中心に―」『住友近代史の研究』。

（13）「住友合資の直営の事業所は、大正十五年三月の家長住友吉左衛門友純の死去をきっかけとしたかのように、七月伸銅所、昭和二年七月別子鉱業所、昭和三年七月若松炭業所と相次いで分離独立し、合資会社の直営事業所として大規模なものは、同じ昭和三年七月に鉱業所に昇格した鴻之舞鉱山を残すだけとなった」。山本一雄『住友本社経営史（上）』、七一〇頁。

(14) 十八歳で家督を継いだ十六代吉左衞門友成は、のちに一九七三年の別子閉山に際して、「この銅山(やま)を神とし仰ぎ幾代かも掘りつぎて来しことの畏(かし)こさ」と詠んでいる。

(15) 住友の具体的な事例については、末岡照啓「近代住友の企業統治と総理事」『住友近代史の研究』。また、のちに「財閥批判」のなかで三井合名トップに就いた池田成彬は語っている。「当時財閥が世間から攻撃されて……だから私が行って直ぐの任務は時局対策……ところが中に入って見ますと、三井は十一家あるのですが……その十一家にはやかましい人もあり、口を出す人があって、その纏め役というものは一通りではない……朝から晩までその纏め役で手いっぱいです……十一家の主人が銘々勝手なことを言うので大変でした」。『財界回顧』、一八六頁。

(16) 山本一雄『住友本社経営史(下)』は、川田夫人(和子)の日記などを用いて、この間の事情を説明している(七~一〇頁)。

池田成彬『財界回顧』世界の日本社、一九四九年
池田成彬『私の人生観』文藝春秋新社、一九五一年
江戸英雄「転換期の三井コンツェルン」安藤良雄『昭和経済史への証言(中)』毎日新聞社、一九六六年
大島堅造『一銀行家の回想』日本経済新聞社、一九六三年
大屋敦『産業一路』(化学経済研究所、一九六四年
春日豊「三井合名会社の成立過程」『三井文庫論叢』第一三号、一九七九年
粕谷誠・武田晴人「両大戦間の同族持株会社」『経済学論集』第五六巻一号、一九九〇年
川田順『住友回想記』『続住友回想記』中央公論社、一九五一年、一九五三年
小島精一『企業集中論』日本評論社、一九二七年
柴垣和夫『日本金融資本分析』東京大学出版会、一九六五年

下谷政弘「住友の本社組織と連系会社」住友史料館編『住友近代史の研究』ミネルヴァ書房、二〇二〇年
末岡照敬「近代住友の企業統治」住友史料館編『住友近代史の研究』ミネルヴァ書房、二〇二〇年
鈴木馬左也翁伝記編纂会『鈴木馬左也』、一九六一年
鈴木茂三郎『日本財閥論』改造社、一九三四年
住友金属鉱山株式会社『住友鴻之舞金山史』、二〇〇三年
住友史料館『住友の歴史（下）』思文閣出版、二〇一四年
住友林業株式会社『住友林業社史（上）』、一九九九年
高橋亀吉『日本財閥の解剖』中央公論社、一九三〇年
高橋亀吉『日本金融論』東洋経済出版部、一九三一年
高橋亀吉『日本経済統制論』改造社、一九三三年
高橋亀吉・青山二郎『日本財閥論』、春秋社、一九三八年
武田晴人『日本経済の発展と財閥本社』東京大学出版会、二〇二〇年
栂井義雄『三井財閥史（大正・昭和編）』教育社、一九七八年
栂井義雄「三大財閥本社の企業形態の変遷について」松山商科大学『人間と社会の諸問題』、一九七九年
長沢康昭「三菱財閥の経営組織」三島康雄編『三菱財閥』日本経済新聞社、一九八一年
長沢康昭「本社部門の役割」三島康雄他『第二次大戦と三菱財閥』日本経済新聞社、一九八七年
西野嘉一郎『近代株式会社論―持株会社の研究―』森山書店、一九三五年
西野喜与作『住友コンツェルン読本』春秋社、一九三七年
旗出勲『日本の財閥と三菱』楽游書房、一九七八年
樋口弘『日本財閥の研究（一）―日本財閥の現勢―』味燈書屋、一九四八年
牧知宏「大正・昭和戦前期における住友の主管者協議会」『住友史料館報』第四二号、二〇一一年

牧知宏「大正期における住友販売店」『住友史料館報』第四八号、二〇一七年
牧知宏「近代住友における本社部門経理部の機能」『住友史料館報』第五〇号、二〇一九年
松元宏『三井財閥の研究』吉川弘文館、一九七九年
三島康雄『三菱財閥史（大正・昭和編）』教育社、一九八〇年
三井文庫『三井事業史』本篇第三巻、一九八〇年、資料篇三、一九七四年
持株会社整理委員会『日本財閥とその解体』、一九五一年
森川英正『財閥の経営史的研究』東洋経済新報社、一九八〇年
森川英正「戦間期における日本財閥」中村隆英編『戦間期の日本経済分析』山川出版社、一九八一年
安岡重明「四大財閥」『日本の財閥』日本経済新聞社、一九七六年
安岡重明『三井財閥史（近世・明治編）』教育社、一九七九年
安岡重明編『三井財閥』日本経済新聞社、一九八二年
安岡重明「戦前期日本の財閥所有者と専門経営者の関係」『経営史学』第二五巻第一号、一九九〇年
山崎広明「一九二〇年代の三井物産」中村隆英編『戦間期の日本経済分析』山川出版社、一九八一年
山本一雄『住友本社経営史（上・下）』京都大学学術出版会、二〇一〇年
由井眞吉「コンツェルンの統制機構」『科学主義工業』、一九四一年七月号
脇村義太郎「持株会社に就いて」『経済学論集』第五巻四号、一九二七年

第四章　「財閥満洲に入るべからず」

一　財閥批判と財閥転向

一九三〇年代初頭の日本社会は昭和恐慌の大嵐が渦巻くなかではじまった。一九二〇年代のいわゆる「三大受難（戦後恐慌・大震災・金融恐慌）」のキズ痕は、そのまま昭和恐慌へとつながり、さらに深まった。企業倒産があいついで失業者があふれ、労働争議が多発した。農村の疲弊も深刻さをきわめ、とりわけ東北地方は未曾有の凶作（一九三一年）にも襲われた。さらには要人に対するテロ事件やクーデタ未遂事件が続くなど、世情騒然としたスタートであった。

満洲事変と金輸出再禁止

そのなかで一九三一（昭和六）年九月一八日夜、柳条湖事件が、いわゆる「満洲事変」が勃発した。満洲事変の戦火は上海などにも飛び火し（上海事変、一九三二年）、その後に長く続くこととなる日中戦争の導火線となった。事変後の満洲ではいちはやく軍部が政治や経済の全面にわたって主導権を握っている。関東州一帯を武力支配していた関東軍であって、同事件も関東軍参謀が仕掛けた謀略であった。そして、早くも翌三二年三月には「満洲国」の建国が宣言されている。満洲国建国の翌日、三月二日付の「大阪朝日新聞」は「奉天からの特電として、三井・三菱・住友・大倉などの財閥のほか、「絶望のドン底にあった中小商工業者も起死回生の新天地を求むべく……新満洲国の建国とともに満蒙の天地には輝かしい経済的黎明が来りつつある」と論じていた(1)」。

また、満史会編『満州開発四十年史(上)』(一九六四年)は述べている。新生の「満州国」は関東軍の強力な指導下にあった。関東軍による行政面、産業面にたいする内面指導を担当したのは関東軍参謀部第四課であった。満州国政府の官僚はいずれも第四課の命令にしたがわなければならなかった」、また「第四課は関東軍憲兵司令部、軍政部顧問部をはじめ日本軍人の人事にたいする指導権をにぎり「満州国」内における権力は絶大であった」(一二二頁)と。あるいは、原朗『満州経済統制研究』(二〇一三年)は、建国早々の「満州では経済に対しても初発から強力な国家統制が企図され、日本における経済統制の展開に先立って、むしろそれを先導する形で統制政策が実行に移された」(三頁)と述べている。

また、満洲事変と同じ一九三一年の一二月一三日には金輸出再禁止(金本位制停止)が行われている。当時、金本位制は第一次大戦の混乱から停止状態に陥っていたが、講和条約後には世界の主要国は次々と復帰(金解禁)していた。日本も遅ればせながら一九三〇年に復帰したが、折しも世界恐慌のさなかであったためにその影響を真正面から受けてしまった。世界恐慌の嵐のなか、主要国は一九二九年からふたたび次々と金本位制から離脱した。三一年九月にはイギリスも金本位制停止に踏み切ったことから、日本でも早晩金輸出の再禁止が行われることが予想されていた。このため、財閥系銀行などが再禁止を見越して「ドル買い」を進めた。大銀行などによって「ドル買い」が拡大したのは経済の必然法則である」。しかし、当時の世論はこれを財閥資本による反社会的な利得行為と見た。「果たして九月以降ドル買いが問題となり、世論の激しい非難を浴び、やがて三井を代表とする財閥に対する反抗感情が膨張していく動機となった」(旗手勲『日本の財閥と三菱』、三〇六頁)。当時、一般大衆は貧困と生活苦のなかにあったが、その対極には財閥コンツェルンの偉容が明確な輪郭を見せはじめていた。貧富の格差拡大と「ドル買い」は反財閥感情をかきたてた。(2)

「財閥転向」策

反財閥感情はすでに一九二〇年代の末ごろから鬱積しはじめていた。ドル買い事件はそれを急速に増幅させ、「財閥批判」という明確な形をとって表面化させたのである。当時流行した「昭和維新の歌」では「財閥富を誇れども社稷を念ふ心なし」、と唄われた。一九三二年二月には前蔵相の井上準之助が暗殺されたのに続いて、三月には団琢磨合名会社理事長が三井本館玄関で暗殺された。三井は数ある財閥のなかの象徴的存在として狙われたのである。その後も、血なまぐさいテロ事件は五・一五事件へ、さらには二・二六事件へとつながっていく。三井や三菱などの大財閥は批判の鉾先をかわすために「財閥転向」策を打ち出さざるを得なくなった。(3)

三井文庫『三井事業史』によれば、「団の死の翌月、「財閥転向」の第一弾として三井は三菱と共同で各一〇〇〇万円の「満州国」借款供与を申し出た」。すなわち、「満洲国政府ニ対スル借款契約(昭和七年四月)」とされるものである(二四四頁)。この借款供与については、三菱社誌刊行会『三菱社誌』(三六)のなかにも、「三井合名会社及ビ三菱合資会社ニ於テ政府ノ斡旋ニ依リ朝鮮銀行ヲ通ジテ満洲国政府ニ対シ満洲中央銀行ノ紙幣発行準備金ニ充当スベキ資金金弐千万円也ヲ融通スルニ付左ノ通リ借款契約ヲ締結ス」(三六頁)、とある。

さて、一九三二年三月に建国された満洲国では早急な経済建設が進められようとしていた。早急なる経済建設には大規模な資本が求められる。しかし、「そのころは関東軍の参謀連中が財閥資本に反感をもち、「満洲国に財閥入るべからず」という垣根を作っていた。財閥の方でも満洲国の前途に不安を感じていたから、積極的にそこへ進出しようとも望んでいなかった」(栂井義雄『小倉正恒伝・古田俊之助伝』、二五八頁)。三井や三菱がとりいそぎ満洲国政府の借款に応じたのは、いうまでもなく「関東軍の参謀連中」の批判を間接的に懐柔する意味もあったろう。「財閥転向」策はその後、三井などを中心として、①家族同族の第一線からの引退、②傘下企業の株式公開、③社会事業への寄付、とくに一九三四年の三井報恩会の設立[4]、などを主要な柱として進められていく。

住友はどうしたか。当時、「住友デハ転向ナドアリ得ナイ」と強調していた。一九三三年の主管者協議会での小倉正恒総理事の挨拶には、「今日デハ財閥ノ社会的地位ハ以前ニ比シ増大シ、其レ丈ニ財閥ノ行動ハ社会的ニ大キナ影響ヲ持ツテ居リマス……住友ハ財閥トシテ他カラ信頼サレテキルカラト云ヒマシテ安閑トシテキル訳ニハ行キマセヌ……色眼鏡デ財閥ノ行動ヲ見ル者モ多クアリマスカラ」(昭和八年)、と自らを戒めていた。また翌年の挨拶では、「従来財閥ノ中ニハ余リニ力ヲ頼ンデ横暴ナ振舞ヲシタリ、又強権ノ下ニ社会ノ統制ヲ紊シタガ為ニ転向ヲシタ向キモアル、其ノ点デハ住友ハ幸割合ニ社会ノ信用モアリ、勿論転向ナド新聞ニ伝ヘラレタコトモ無イ」と力説し、続けて「住友デハ転向ナドアリ得ナイ」(昭和九年)と言い切っていたのである。

いうまでもなく、当初、財閥に対する批判や怨嗟の的として矢面に立たされたのは最大規模を誇った三井財閥であった。旗手勲『日本の財閥と三菱』は、「反財閥行動はもっぱら三井に集中した。他の財閥、特に三井に次ぐ三菱に対する風当たりは意外と弱かった」(三一一頁)という。三島康雄『三菱財閥史』も、「三井物産のように中小企業者から恨みを買うようなあくどい商売を三菱商事はやっていなかったし、また重工業中心で軍艦や航空機を生産して、最初から軍部に協力した経営姿勢をもっていたので、三井財閥ほどの風あたりをうけなかった」(一五八頁)という。たしかに、その三菱よりもさらに規模の小さかった住友への風当たりは強いものではなかったろう。

しかし、財閥転向策については「三菱・住友もまた当然三井に追随するものと予想されていた」(山本一雄『住友本社経営史(下)』、七頁)。たとえば、住友の場合、一九三二年に支出した寄附義捐金をみると総計八七件一九〇万一九七九円一四銭、そのなかで九月の「社会教化並救済ニ関シ寄附金壱百万円」が目立っていた。前年の一九三一年は「五十七件金参拾四万五一〇七円」、その前年の一九三〇年は「五十四件金四十四万六千五百五十三円四十九銭」であったから増えている。すなわち、住友は「合資会社による昭和七、八年の満洲関係の大口寄附や昭和九年の近畿地方風水害義捐金一〇〇万円、社会教化事業団体寄付金二二万円、東北地方冷害義捐金二〇万円等の大口寄附」などによって財閥批判の声をかわそうとしてきた。

しかしながら、一九三四年には家長住友吉左衛門の名前が世間の注目を集めた。近畿二府四県における所得番付のトップとして新聞報道されたのである。さらに翌三五年になると、今度は全国版の所得長者番付において、財閥当主としての住友吉左衛門（二九六万円）は三井高公（一三六万円）や岩崎久弥（二〇四万円）らを抜いてトップに躍り出たのである。「三井家、岩崎家は本家中心の住友家とは異なり各家が並立しているので、同日には論じられないが、当時の新聞各紙には大々的に報じられ……財閥に対する批判を如何に回避するかが大問題となってきた」。「財閥批判の矢面に立たされることになると、この程度のことで事態が収拾されるとは考えられなくなってきた」（山本、(上) 八九六頁、(下) 七頁)。

二 「財閥満洲に入るべからず」

満洲事変の翌年、一九三二（昭和七）年三月一日に「満洲国」の建国が宣言された。その同じ年には五・一五事件も起きて世間を震撼させている。「大恐慌に沈む暗い世相のなかで高まる政党・財閥などの「特権階級」に対する不満や反発。軍の若きエリートたちが感じた世の中の理不尽さ。それを醸成した「昭和」の日本。さまざまな要因が重なって事件は起きた」（小山俊樹『五・一五事件』、まえがき)。五・一五事件の余燼はその後もくすぶり続け、翌年には神兵隊事件が未然に発覚している。三三年三月には、日本は満洲国の建国を認めようとしない国際連盟に対し脱退を通告した。

こうした一連の不穏な状況のなかで、関東軍の青年将校らを中心に「財閥満洲に入るべからず」のスローガンが声高に叫ばれはじめたのである。「「財閥満洲に入るべからず」の立札は、当時日本国内に於ても最高潮に達してゐる反財閥風潮をも反映し、遂に日本の巨大財閥もこの硝煙の匂ひ残る建国当時の満洲国には自由に進出することが出来なかつた」(樋口弘『計画経済と日本財閥』、一二四頁)。あるいは、「満州事変は既成財閥排撃の機運がきわめて強い時代に勃発……財閥を締め出し新王道楽土をつくることが軍の要望だった……三井は(満洲の地に)物産が長い間つちかった事業基盤を持っていましたから、出ていきたいのはヤマヤマだったのでしょうが、締め出されてしまった」(江戸英雄「転換期の三井コンツェルン」、一三四頁)。

それよりさき、満洲の地にはすでに日露戦後の一九〇六(明治三九)年に南満洲鉄道株式会社(満鉄、資本金二億円)が設立されていた。資本金の半分は日本政府による出資であり、「即ち会社は其の半官半民制が示す如く満洲に於ける特殊使命を帯ぶる国策機関として誕生した」(小島精一『満鉄コンツェルン読本』、一七頁)。以後、内地資本の満洲進出は満鉄を通じた資本参加の形で行われることが多かった。たとえば、表4-1は一九二六年当時の満洲における主要な日本企業を一覧したものである。同社が満洲の地において圧倒的な存在であったこと、また共同投資などの中核となって満洲における主要な事業分野に関係していたことがわかる。

「満洲国経済建設綱要」　前述したように、満洲事変後の満洲では「日本における経済統制の展開に先立って」経済統制が開始されることとなり、一九三三年三月には「満洲国経済建設綱要」が発布された。

そこには「四大根本方針」が掲げられており、その筆頭には「利源開拓、実業振興ノ利益ガ一部階級ニ壟断サルルノ弊ヲ除キ万民共楽ナラシムルコト」、と謳われていた(5)。続いて、「資源ヲ有効ニ開発シ経済各部門ノ総合的発達ヲ計ルタメ、重要経済部門ニハ国家的統制ヲ加ヘ合理化方策ヲ講ズルコト」、などとされ、「国防的若クハ公共公益的性質ヲ有スル重要事業ハ公営又ハ特殊会社ヲシテ経営セシム」こととなった。

すなわち、原朗（前掲書）のいうように、「満洲第一期経済

(1926年末)

主要株主（出資比率%）
大蔵省（50.0）、安田銀行（3.1）
満鉄（100.0）
王子製紙（53.5）、大倉組（46.5）
満鉄（100.0）
満鉄（2.5）、荒井合名（2.0）
大連取引所重要物産取引人組合（5.7）、相生由太郎（4.2）
安田保善社（19.7）、安田銀行（7.4）
満鉄（95.2）
満鉄（100.0）
満鉄（80.9）
大倉組（51.6）、樺太工業（24.0）
東京建物（25.0）、安田善次郎（7.9）
東拓（25.0）
富士瓦斯紡績（31.0）、満鉄（23.4）

表4-1　満洲の主要日本企業

会社名	設立年月	事業内容	公称資本金	払込資本金
			千円	千円
南満洲鉄道	1906.12	鉄道、鉱山等	440,000	337,156
南満洲電気	1926. 5	電気	25,000	22,000
共栄起業	1923. 6	林業	10,000	10,000
南満洲瓦斯	1925. 7	ガス	10,000	9,300
南満洲製糖	1916.12	製糖	10,000	7,500
大連取引所信託	1913. 6	金融、信託	15,000	6,000
正隆銀行	1906. 6	金融、信託	12,000	5,624
東亜勧業	1921.12	開墾、農業金融	20,000	5,000
大連汽船	1915. 1	海運	10,000	4,750
国際運輸	1926. 8	運輸、倉庫	10,000	3,400
鴨緑江製紙	1920. 5	製紙	5,000	3,000
満洲銀行	1923. 7	銀行	10,000	2,907
満洲興業	1917. 8	不動産	5,000	2,500
東省実業	1918. 5	金融	3,000	2,500
大連株式商品取引所	1920. 2	取引所	10,000	2,500
大連株式信託	1920. 3	証券、信託	10,000	2,500
大連郊外土地	1920. 3	不動産	7,000	2,500
東亜拓殖	1920. 4	証券	10,000	2,500
満洲紡績	1923. 3	綿紡績	5,000	2,500

出所：『大倉財閥の研究』、332頁、一部修正。

建設においては、その実施方法として一業一社の特殊会社ないし準特殊会社による経済開発をその基本方針とした」（四四頁）のである。以降、「満洲国独特の統制的経済開発は一業一社主義に基く特殊会社形態を以て遂行され」ることとなり、「日本と不可分関係に立つ満洲国はその独特の統制経済形式を以て重要産業の開発には総て特殊会社形式を以て押し進め、その数五十以上に達」（樋口弘、前掲書、一五五、二一四頁）した、という。

なお、満洲帝国政府編『満洲建国十年史』によれば、「特殊会社とは準拠すべき会社法として特別法が制定されて居るもの、及び日満間の条約に依り設定された会社。準特殊会社とは準拠すべき特別法を制定せざるも設立認可に当つて会社監督の必要上附款命令を以て認可事項を定めてゐる会社を言ふ」（三二六頁）。

政府はこれらの特殊会社に対しては、原朗（前掲書）のいうように、「原則として一業一社の独占権を与え、一方で各種の恩典を与えるとともに会社経営の広汎な範囲にわたって厳重な監督権を行使……経営の内部に立ち入ってほとんど全面的に政府の認可権がはりめぐらされて」いたことになる。そしてまた、「かかる厳重な監督規定が設けられたのは、たんに国家統制を貫徹するためだけではな」かった、という指摘は興味深い。つまり、そこには「当初の意図として日本の財閥資本による満州経済支配——一部資本家の壟断——の防止も考慮されていた」、あるいは「当初は財閥資本を他律的に規制するものとして特殊会社形態が採用されていたのであり、またかかる厳重な統制規定を見て、内地民間資本は対満進出を逡巡せざるをえなかったのである」（四四、四五頁）と。

このようにして、飯田繁「満洲国資本問題の展開」もいうように、「「満洲国経済建設綱要」に盛られた無統制資本主義排撃、わけても金融資本排撃のイデオロギーに由来して、日本資本、就中財閥資本の自由な満洲国への殺到が阻まれた」（二四九頁）のである。そして、「日本財閥資本の対満進出はこの創建当時の現地側イデオロギーと、内地の反財閥風潮に脅へて容易に実現を見なかったが、特に大同二年（一九三三年）の経済建設大綱の発表された前後が最もその逡巡期であつた」（樋口弘、前掲書、二一五頁）、とされている。

満洲国の経済統制の内容に驚いて進出を逡巡したのは財閥資本だけではなかった。一般の日本企業もまた進出をためらった。内地資本の進出が予想外に少ないのを見て、関東軍「特務部では利権投機者を絶対的に排撃するが、真剣に対満進出を試みんとする内地資本家を国際経済戦場におけるチャンピオンとして歓迎」（「大阪朝日新聞」一九三三年九月一五日）する意向を示した。また、満洲国政府も一九三四年六月に「一般企業に関する声明」を発表して、そこでは、「国防上重要なる事業、公共公益事業及び一般産業の根本基礎たる産業」以外の諸分野（交通通信、鉄鋼、軽金属、金、石炭、石油、自動車、硫安、ソーダ、採木等の事業）については「大体広く民間の進出経営を歓迎するものなり」、と声明して態度を軟化させたかに見えた。しかしながら、同「声明」にはこれら諸分野についても「事業の性質に応じ時に或種の行政的統制を加ふることあるべき」（藤原泰『満洲国統制経済論』、四〇六頁）、と付記されたことから、多くの民間資本はその後も「狐疑逡巡の態度を改めず、その対満進出の見るべきものがなかつた」（前掲、『満洲建国十年史』、三一〇頁）、という。

いわゆる「財閥」資本の満洲進出については、後述するように、満洲事変が勃発する以前からすでにスタートしていた。三井や三菱、また大倉、安田などである。住友はそのなかで遅れを見せていた。また、その後（満洲事変後）の一九三〇年代全体を通じた対満投資額の合計でみても他財閥に比して必ずしも大きな存在ではなかった。しかしながら、住友の場合、それら他の財閥資本とは異なる興味深い動きを見せていた点で注目される。それは何か。住友は、満洲事変後の「財閥満洲に入るべからず」という制札にもかかわらず、他財閥が「反財閥風潮に脅へて」進出に逡巡するのを尻目にみながら、一九三四年に単独で満洲に進出したことである。すなわち、「事実上、財閥系で満州国に最初に進出したのは……奉天で設立された満州住友鋼管株式会社であ」(鈴木邦夫編『満洲企業史研究』、一〇六〇頁) った。(6)

大倉組・三井物産

それについては後述することとして、それまでの満洲への進出では大倉財閥の存在が大きかった。大倉財閥研究会編『大倉財閥の研究』はいう。大倉財閥の特徴とされる「積極的大陸進出の最大の舞台は……日露戦争以後は終始一貫して満州の地にほかならなかった。……そして、民間資本のなかでは——とりわけ満州事変前においては——まさに大倉財閥が筆頭の座を占めていたといって過言でな」(三二三頁) い。たとえば一九一一年一〇月、大倉組は日中合弁で本溪湖煤鉄有限公司 (四百万元) を設立している。それまで「満州における日中合弁事業は政府間協定によった鴨緑江採木公司をその嚆矢と」していたが、民間では「小規模な瀋陽馬車鉄道公司を別とすると〔本溪湖煤鉄有限〕公司がはじめて」(四一九頁) であった。(7)

また、大倉以上に大きな地歩を占めていたのは他ならぬ三井であった。三宅・栂井『三井・三菱・住友』によるならば、「満洲事変が起る二〇年も以前、第一次シナ革命の当時において、早くも三井では満洲 (東三省) を買収しようという計画をもっていた事実がある」(四二頁)。いわゆる「満洲買収計画」であって、革命軍への資金援助などにより東三省割譲を密約する内容で、益田孝、山本条太郎、森恪ら三井物産の関係者 (あるいは政友会の幹部たち) による画策であった。この「満洲買収の夢は、二十余年の後、満洲事変につづく満洲の建国という形で実現されることになった」

（五三頁）[8]。

このように、三井では三井物産が早くから商権拡張に走り、積極的に満洲へ進出していた。たとえば、農産物（大豆油・大豆粕）の取引をめぐって一九〇七年に合弁形態で三泰油房（三井物産六〇％）を設立、同社は一九二五年からは大豆・雑穀の委託売買業（糧桟）にも乗り出し、その販売網を利用していくつかの三泰桟（個人名義）を展開するなどしていた。

坂本雅子『財閥と帝国主義』は、一九二〇年代末から日増しに大きくなった「財閥批判」の声について、「三井物産のこの時期の商業活動のあり方も無関係ではなかっただろう」、と指摘している。三井物産支店長会議（一九二六年）で採られたいわゆる「地方進出方針」のことであり、それは、「地方都市および農村市場への販売網を積極的に拡大し、地方の問屋、消費者と直接取引し、米穀（朝鮮米・外米）、肥料、食料品、雑貨、石炭などの販売を伸ばそうとするもの」（三二七～八頁）であった。また、山崎広明「一九二〇年代の三井物産」も、「一九二〇年代なかば過ぎから活発化した地方市場進出は、地方中小商人の既得の営業基盤を掘り崩し、一九三〇年代初頭の恐慌過程で……反財閥感情を生み出した」（中村隆英編『戦間期の日本経済分析』、三三五頁）、と指摘する。この「地方進出方針」は満洲軍閥との間での大豆をめぐる支配権争いを惹き起こす原因ともなり、張作霖爆殺事件（一九二八年）へとつながっていった。高橋・青山『日本財閥論』はいう。「財閥が中小商工業者の境界まで蚕食したため、彼等中小商工業者が長年の努力によつて築き上げた事業や市場が一朝にして財閥に奪はれると云ふ場面も屡々現はれるに至つた」（二七六頁）のである。

いずれにもせよ、満洲事変の勃発、あるいは急速に高まってきた「財閥批判」の声は、満洲でそれまで展開されてきた日中合弁事業や財閥企業による新たな満洲進出に対して暗雲を投げかけるものであった。事実、日本経済が昭和恐慌からようやく回復への兆しを見せはじめた一九三二、三三年ころになっても、内地資本による対満投資は停滞したままで推移せざるをえなかったのである。

しかし、原朗（前掲書）もいうように、「財閥批判」の声や「「資本家入るべからず」の制札のみが対満投資を阻げたとするのは事実に反するのであって」（五六頁）、現地の治安状況が悪かったことや為替の不安定など、他の要因についても同時に考慮すべきであろう。たとえば、「大阪毎日新聞」（一九三二年一月一六日）によれば、「満洲の兵匪討伐も一段落となり、今後は経済的再建を如何にするか、また財界、殊に実力ある大財閥はどの程度まで腰を入れて来るかは各方面で注目してゐる……三井物産は三井合名と協議の結果……奉天、ハルビン方面を具に視察してゐる。三井当局者は「錦州は占拠したとはいへまだ随所に兵匪が起つてゐるから安心するわけに行かない」」、と。あるいは、前掲『満洲建国十年史』によるならば、「建国以来約四、五年の間は治安第一主義といふことがよく叫ばれてゐた。といふことは、建国当時はそれ程治安が悪く、従つて治安が確立されなければ何事も出来ぬ状態であつた」（七六頁）、と。実際にも、「建国当初は全国に散在する匪賊三十六万と称せられ、随処に集団的な匪賊が出没して列車襲撃・運転妨害・電線破壊・鉄道従事員拉致殺傷などの暴行頻発し……」（南満洲鉄道株式会社『満洲と満鉄』、四頁）という有様であった。

建国記念大博覧会

さて、一九三三年の夏、大連市において満洲国建国記念の大博覧会（大連

図4-1　満洲建国記念大博覧会会場略図

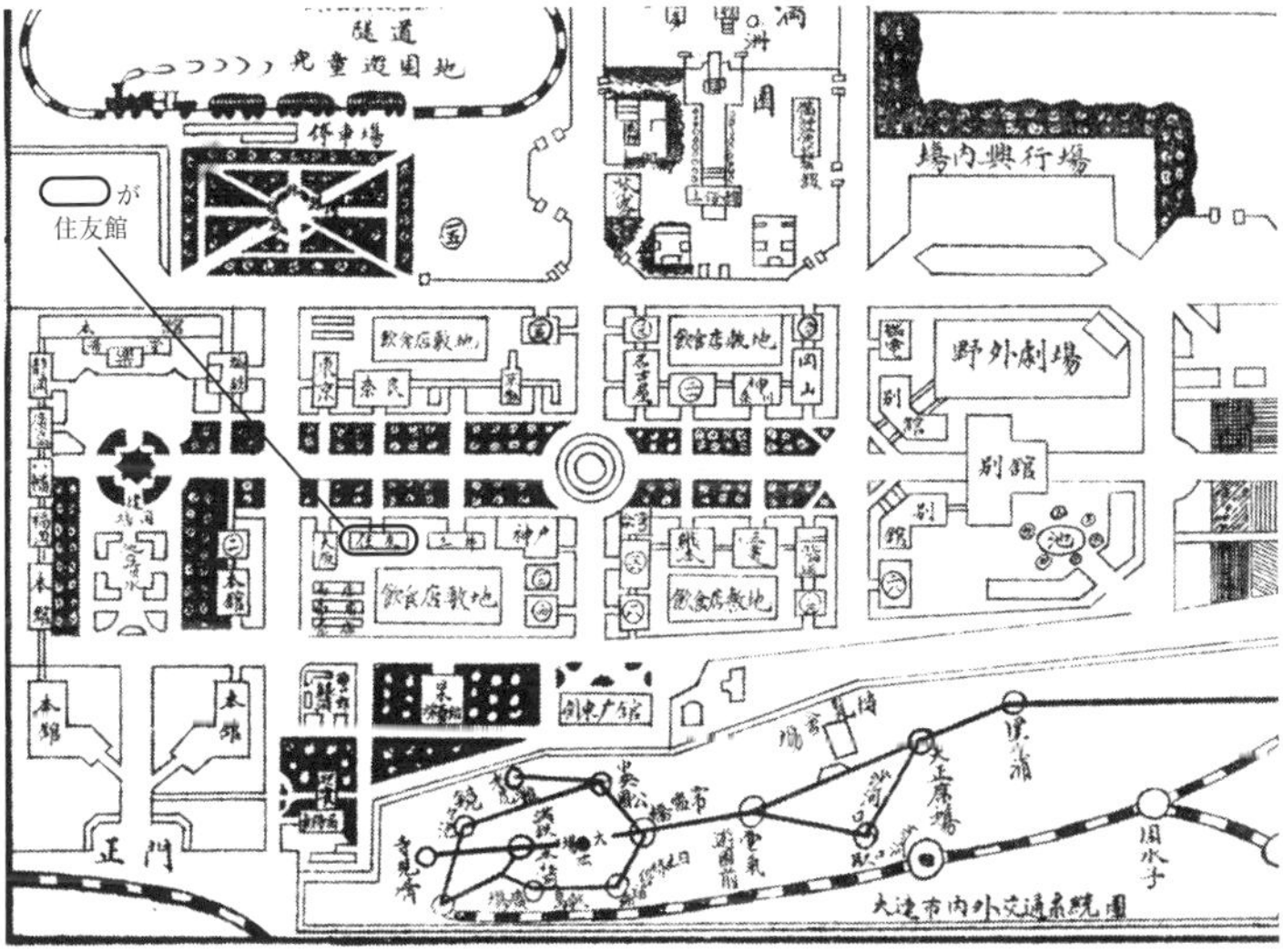

注：住友館の右隣に三井館が、さらに右方には三菱館がある。
出所：満洲大博覧会協賛会『大連市催満洲大博覧会案内』。

市催）が開催された。開催期間は七月二三日から八月三一日までで、図4－1はその案内図である。会場一五〇万坪の広大な敷地には、本館のほかに建国館・関東庁館、機械館（第一別館）・貿易館（第二別館）・国防館・土俗館・満鉄館などが、さらにサーカス場や日本演芸館、遊園地なども設置され、また台湾館や朝鮮館、さらには東京館、大阪館、京都館、奈良館など、内地各府県ごとの物産を展示する特設館などが並んだ。

ここで興味をひくのは、そのなかにおいて三井・三菱・住友の「三大財閥」がそれぞれに特設館を設けて出品したことである。大連市役所『大連市催満洲大博覧会誌』によれば、それぞれの施設者は、三井館は三井物産、三菱館は三菱商事であったが、住友館では「住友諸会社」（住友合資会社および連系各社）であった。「住友館（建坪一二〇坪）は外壁を紫灰色に塗りたる大建物で、高塔を附けて館名を鮮かに浮かし……陳列品は固より住友直系、傍系の各会社からの製品又は参考品で……流石に関西実業界の覇、住友王国の貫禄を十分に示してゐる」（六三九頁）[9]。

もちろん、建国記念の博覧会への出品はあくまで物品の展示にすぎない。そのこと自体が企業の進出を意味するものではなかったろう。しかし、当時は「財閥満洲に入るべからず」の制札があるなかで、「三大財閥」が会場のメインストリートにそれぞれ特設館を建設してのそろい踏みは、当時、はたしてこの制札にどれほどの効き目があったのかどうかについて疑問を抱かせる。前掲『大連市催満洲大博覧会誌』によれば、三井館では「館内入口正面の大壁画に社業の沿革と現況を表はし」（六四二頁）、また三菱館でも堂々と「正面入り口には三菱のマークを持ちたる彫刻の女神像を浮き出し」（六四三頁）ていたのであり、制札をはばかるような様子はまったく見えなかった。

「財閥」系企業の満洲進出

とはいえ、実際の企業進出の状況についてみるならば、満洲事変後の一九三〇年代のはじめ、とくに一九三三、三四年ごろまでは「財閥満洲に入るべからず」の制札は必ずしも効き目を失っていなかったようにみえる。実際に「財閥」企業は満洲入りをためらっていたのである。すなわち、表４－２に示したように、財閥資本による対満投資が全般的に活発になるのはようやく景気も回復した一九三四、三五年前後からのことであった。そのなかで、住友はそれらの先頭を切るようにして、一九三四年に新会社（満洲住友鋼管）を設立したのである。

同表からもわかるように、一九三〇年代前半に設立された「財閥系」と分類される企業はヤメント（洋灰）、パルプ関係などが多く、総じて資本金額も小さかった。また、「三井系」は企業数こそ多いが、たとえば、同表にある「日満鋼材工業は三井物産系の東洋鋼材株式会社が……同社製品取扱上関係ありし福昌公司と提携」（鈴木邦夫編『満州企業史研究』六八五頁）した会社であるように、それらは三井財閥としての進出というよりも、大部分は直系企業や傍系企業の子会社、あるいはその先の関係会社などにすぎなかった。しかも、それら企業は共同投資によるものがほとんどを占めており、個別の財閥資本が単独で出資しての企業進出の事例は満洲住友鋼管だけであった。

ちなみに、同社より一年早く、一九三三年に設立された大同洋灰についてみると、同社は浅野セメントなどセメント各社の連合会（カルテル）が設立した大同洋灰股份有限公司（三百万円、吉林）であった。ただし、浅野セメントが同社の総株式十万株のうち八万二千八百株を所有していたから、「大同洋灰は実質的に浅野セメントの満州子会社であった」（前掲、鈴木編『満州企業史研究』七七六頁）、ともいう。また、満洲住友鋼管の設立に一年ほど遅れて、三菱では一九三五年一一月に満洲機器股份有限公司（三百万円、奉天）を設立している。同社は、三菱重工業・三菱電機・三菱商事の分系会社に、遅れて三菱合資会社も加わる形で設立され、当初の資本金こそ小さかったが、その後に急成長して「三菱財閥としての最大の在満子会社」（同前、二〇八頁）となっている。あるいは、「満洲機器は三菱財閥の満州探題ともいうべき存在[10]」であった。

以上のようにして、一九三〇年代の前半における財閥資本の満洲進出はごくわずかの限られたものとして推移したのである。財閥資本はテロやクーデタ未遂事件など、血盟団や軍部による威嚇や「反財閥風潮に脅へて」、満洲への進出に躊躇したのである。小沼廣昭『血盟団事件公判速記録』(上)によれば、井上日召の「暗殺すべき目標人物」については、政党では政友会および民政党から各三人、財閥では三井系、三菱系から各三人、安田、住友、大倉各一名、其の他「特権階級」の人物など、計二〇人であったという(二七一頁)[11]。

(1930年代前半)

(単位：千円)

安田系	大倉系	浅野系	日産系
		大同洋灰(3,000)	
	満洲塗装(200)	満洲洋灰(2,000)	日満漁業(1,000)
	本溪湖洋灰(3,000)	日満鋼管(5,000)	大連運輸(100)
日吉商会(?)	本溪湖ドロマイト工業(300)		

以上のように、一九三一年の満洲事変と金本位制停止はその後の日本経済や社会全体に大きな影響を与える転機となった。景気については軍需インフレと円安とによって輸出増大がもたらされ、その結果として、長引く恐慌のなかで萎縮を余儀なくされてきた日本経済は、ようやく一九三三年ころから急速に景気回復へと向かいはじめた。一九三五年の貿易収支は一九一九年以来一七年ぶりの黒字化を達成し、そのころになるとさすがに「財閥満洲に入るべからず」の声は聞か

表4-2　財閥系企業の対満投資

	三井系	三菱系	住友系
1930-32			
1933			
1934	日満鋼材工業（1,000）、関東州小野田セメント（500）、		満洲住友鋼管（10,000）
1935	康徳染色（500）、哈爾浜洋灰（5,000）、満洲小野田洋灰（5,000）、六合成造紙廠（1,500）、哈爾浜三泰桟（100）	満洲機器（3,000）	
1936	奉天紡紗廠（2,238）、安東造紙（500）、東満洲人絹パルプ（7,500）、東洋パルプ（10,000）、康徳葦パルプ（5,000）、新京三泰桟（100）、四平街三泰桟（200）	満洲パルプ工業（5,000）、満洲曹達（8,000）、満洲日東製粉（1,000）	満洲通信機（1,000）

注：(　) 内は設立時の資本金。
出所：『大倉財閥の研究』、384頁。一部修正。

れなくなり、「財閥批判の嵐も次第に静まってきた。昭和十一年の二・二六事件以後は、かえって軍部と財界の「抱き合い」の傾向さえ支配的となった」（旗手勲、前掲書、三一〇頁）。いわゆる「軍財抱合」であり、「満洲事変勃発当初よく強調されたやうな国家社会主義とか資本家排撃とかは、一応緩和され、是正された」のである（小島精一『満鉄コンツェルン読本』、二〇〇頁）。

一九三七年になると、鮎川義介の日産コンツェルンのいわゆる「満洲移駐」によって満洲重工業開発株式会社（満業、四億五千万円）が設立された。満洲国は産業五箇年計画を実施するのに、「従来の公式的な一業一社主義による制度を緩和して企業の有機的綜合的計画的企業経営を為す必要を認め」（前掲、『満洲建国十年史』、三二七頁）たのである。同社はその中心機関として、とくに重工業部門への投資や経営指導を期待されて、三七年一二月制定の満業管理法制定によって特殊会社満洲重工業開発株式会社として創立された[12]。

三　財閥資本の満洲進出

さて、一九三〇年代の前半、以上に見てきたように「財閥満洲に入るべからず」と高唱されるなかで、「三井や三菱が軍部から閉めだされ、あるいは二の足を踏んでいるときに、ひとり住友はいち早く満洲に進出した。それは満洲住友鋼管会社の設立である」（栂井義雄『小倉正恆伝・古田俊之助伝』、一六三頁）。

「例外的」な早期進出

一九三四年九月一七日、住友は満洲（奉天市鞍山）の地に満洲住友鋼管株式会社を設立した。設立時の資本金は一千万円（払込二百五十万円）、出資者は住友伸銅鋼管一二万株、住友合資会社が八万株であった。川田順『続住友回想記』はいう。「昭和九年九月満洲住友鋼管株式会社を創立し、鞍山に於いて鋼管製造の事業を経営することになつた。（内地の）住友伸銅鋼管株式会社では桜島工場で銅及び合金属の管・棒・板の類を、尼崎工場で引抜鋼管を製造して来たが、右の満洲鋼管会社は、実質上は尼崎の分工場であつた」（三七頁）、と。

満洲住友鋼管は当初の事業目的として、鞍山の昭和製鋼所製丸鋼を材料に継目無鋼管を製造することを掲げていた。ここに「遂に既成財閥として最初の満洲進出が例外的に実現した[13]」わけである。当時、「満洲に於ける製鉄業は満鉄の鞍山製鉄所と大倉組の本溪湖煤鉄公司の二者があった」。そのうち、「前者は昭和八年五月に株式会社昭和製鋼所に引継がれ、八幡製鉄所の技術を導入して銑鋼一貫作業を目標とする拡充計画に着手した」、「昭和製鋼所が製鋼圧延事業に進出し、鋼塊、ビレットを外売するとの計画に応じて内地鉄鋼諸会社の満洲進出を企図するもの多く、又関東軍当局はこの地に財閥入るべからずの鉄則を持し、当社の計画は難関に逢着した」、しかし「各種鋼材の圧延に進出せんとする昭和製鋼所も鋼管製造に着手する余裕はなかった[14]」のである。満洲住友鋼管は、のちに一九三八年には満洲住友金属工業と改称する。

この「住友財閥の満洲進出は日産の満洲進出より四年早」かった（麻島昭一『戦間期住友財閥経営史』、一六〇頁）。あるいは、「住友の満洲進出はそれ（日産の満洲移駐）よりもはるかに早かった……住友が関東軍と結びついたのはそれよりも四年も早かった」（前掲、『小倉正恆伝・古田俊之助伝』、一六四頁）。三井や三菱の大財閥が進出を躊躇するなかにおいて、住友が「例外的」に、また日産よりも早くに満洲進出ができた理由とは、いったい何なのだろうか。原朗（前掲書）は述べている。「当初関東軍が資本家排撃の意図をもち、かつ治安状態も悪かったため、関東軍が方針を改めて資本家誘致に転じてからも日本民間資本の対満進出は順調に進まず、対満投資はいぜん満鉄を通じて行われた」（五頁）。住友の満洲進出はこのような状勢のなかで行われたことになる。すなわち、当時、三井や三菱の両財閥では本社はまったく動かなかった。三井の場合、先にもふれたように直系会社の傘下子会社が、あるいは傍系会社が、しかも満鉄や満洲国政府との共同投資の形で一部参画するだけにとどまっていた。

この時期の三菱について、長沢康昭「本社部門の役割」は、「本社の役割はきわめて受動的であり、この時期の拡大は各分系会社が推進主体であった」と指摘していた。同時に、分系会社による「このボトム・アップ的拡大の典型」として、先述した満洲機器（一九三五年設立）のケースを挙げていた。すなわち、同社の設立には「分系会社三社〔三菱重工、三菱電機、三菱商事〕が本社抜きで企業計画をたてていること、本社は計画が進行中の段階で参加していることなどからみても、本社の主体的な拡大戦略の発現とはいえない」（二五〇頁）、と指摘していた。鈴木編『満州企業史研究』も、「満洲事変後、三菱の対満投資も増加した」が、「一九三四年までの投資は、三菱財閥としての主体的な戦略によるとは言いがた」（二〇七頁）い、と述べていた。

表４－３は、満洲における一九三九年当時の払込資本金一千万円以上の主要企業三〇社の一覧である。そこに見るように、これら三〇社の大半は特殊会社や準特殊会社によって占められていた。また、「これら特殊・準特殊会社の主要株主は政府・満鉄・満業の組み合わせであったから、そこに財閥資本が介入する余地は乏しかった」。また、三〇社のうち「特殊会社・準特殊会社でない企業はわずか六社で、しかもそのうち三社は満業あるいは満鉄の子会社、一社は外資系であったから、純粋の財閥資本は大倉事業と満州住友金属工業の二社にすぎなかった」（前掲、『大倉財閥の研究』、三八二頁）。しかも、これら二社のうち、大倉事業が設立されたのは遅く一九三九年のことであり、

同社は本溪湖煤鉄公司の統制権をめぐる「満洲国政府と大倉鉱業との対立の妥協策」（鈴木編、前掲書、二〇一頁）として満洲国法人として設立されている。

さらに、満洲住友鋼管の場合、他資本との共同出資の形ではなかった。住友資本単独による進出であった。あるいは、「財閥批判」の風潮のなかにもかかわらず、社名に堂々と「住友」を名乗っていた点も大いに注目される。満洲では当時、満洲住友鋼管のほかには「三井・三菱・住友」の三大財閥名を名乗る企業はなかったのである。同社は設立されると同時に「連系会社」に指定されて、海外に拠点を置く初の連系会社となっている。ちなみに、前にふれた三菱の満洲機器股份有限公司の場合、社名に「三菱」を入れて満洲三菱機器株式会社と改称したのは遅く、ようやく一九四〇年一二月のことであった（『三菱社誌』（三八）、一六九〇頁）。

住友が例外的に早く満洲住友鋼管株式会社を設立し、「三大財閥」のなかでも早期に満洲進出が果たせた背景には何があったのだろうか。なるほど、住友財閥は「三大財閥」の一つに数えられてはいたものの、三井や三菱と比べればその規模は小さく、三井物産や三菱商事のような商事会社ももたなかった。つまり、まだ三井や三菱ほどの大財閥ではなかった。そのために「財閥批判」の前面に立つことがなかったからだともいえよう。

あるいは、新会社の事業内容について、とくに海軍との古くからの関係にも注目すべきなのかもしれない。三宅晴輝・栂井義雄『三井・三菱・住友』はつぎのようにいう。「住友財閥の発展をみる場合に注目すべき点は、それと政党あるいは政界有力者との関係よりも、それと軍部との関係で

(1939年8月末)

主要株主(%)		
満鉄	満業	その他
	—	安田系(1.4)、朝鮮銀行(0.6)
—		旧日産(50.0)
(22.5)	(77.5)	—
(25.9)	—	満洲興銀(26.5)、満洲中銀(3.2)
—	(97.2)	満洲中銀(1.3)
—	—	英米トラスト
—	—	野口系(30.0)、東拓(20.0)
—	(100.0)	—
(7.0)	—	日本放送協会(3.0)、朝鮮銀行(2.7)
(20.0)	—	東拓(7.5)
—	(12.5)	東拓(5.0)
—	(100.0)	—
—	(96.0)	住友本社(2.0)
(51.7)	—	全購連(10.0)、東洋窒素工業(6.0)
(5.0)	—	—
(16.7)	—	東拓(16.7)、共栄起業(8.3)
—	(66.7)	満洲炭礦(33.3)
—	—	—
—	—	朝鮮銀行(50.0)
—	—	満洲興銀(33.3)、東拓(33.3)
(12.5)	—	満洲興銀(15.9)、三井・三菱・日石(各10.0)
(100.0)	—	—
(18.3)	—	三井・三菱・住友(各15.4)
—	—	産業組合(40.0)、全購連(10.0)
—	—	大倉(100.0)
—	—	三井系(34.0)、満洲炭礦(16.0)、帝国燃料(10.0)
—	(100.0)	—
—	—	大倉(60.0)
(50.0)	—	満洲興銀(2.7)、満洲生保(0.5)
—	—	住友金属工業(100.0)

表」(1939年)。

表4-3　満洲の主要企業30社

会社名	設立年月	業種	資本金（千円）		特殊・準特殊会社	
			公称	払込		政府
南満洲鉄道	1906.11	運輸他	800,000	696,208	特	日本（50.0）
満洲重工業開発	1937.12	投　資	450,000	450,000	特	満洲国（50.0）
昭和製鋼所	1929.7	金　属	200,000	175,000	特	—
満洲電業	1934.11	電　力	160,000	107,500	準	満洲国（16.6）
満洲炭礦	1934.5	石　炭	80,000	64,000	特	満洲国（1.5）
啓東煙草	1936.7	タバコ	52,325	52,325	—	—
満洲鴨緑江水力発電	1937.9	電　力	50,000	37,500	特	満洲国（50.0）
満洲鉱山	1938.2	鉱　業	50,000	37,500	—	—
満洲電信電話	1933.8	通　信	50,000	36,250	特	日本（33.0） 満洲国（12.0）
満洲拓殖	1937.8	拓　殖	50,000	33,300	特	日本（30.0） 満洲国（30.0）
満洲採金	1934.5	採　金	40,000	31,600	特	満洲国（82.5）
満洲自動車製造	1939.5	自動車	100,000	25,000	特	—
満洲軽金属製造	1936.11	金　属	25,000	25,000	特	—
満洲化学工業	1933.5	化　学	25,000	25,000	準	—
満洲鉱山開発	1935.8	鉱　業	50,000	20,000	特	満洲国（95.0）
満洲林業	1936.2	林　業	30,000	20,000	特	満洲国（58.3）
東辺道開発	1938.9	鉱　業	30,000	15,600	準	—
満洲中央銀行	1932.6	銀　行	30,000	15,000	特	満洲国（100.0）
満洲興業銀行	1937.1	銀　行	30,000	15,000	特	満洲国（50.0）
満洲房産	1938.2	不動産	30,000	15,000	特	満洲国（33.3）
満洲石油	1934.2	石　油	20,000	15,000	特	満洲国（35.0）
大連汽船	1915.1	海　運	25,700	14,450	—	—
満洲航空	1932.12	航　空	13,970	13,970	準	満洲国（35.6）
満洲硫安工業	1939.2	化　学	50,000	12,500	特	満洲国（50.0）
大倉事業	1939.2	投　資	50,000	12,500	—	—
満洲合成燃料	1937.8	化　学	50,000	10,000	特	満洲国（34.0）
満洲飛行機製造	1938.6	飛行機	20,000	10,000	特	—
本溪湖煤鉄公司	1910.5	金　属	10,000	10,000	準	満洲国（40.0）
南満瓦斯	1925.7	ガ　ス	10,000	10,000	—	
満洲住友金属工業	1934.9	金　属	10,000	10,000	—	—

出所：『大倉財閥の研究』、383頁。原資料は満鉄調査部「資本系統別満洲株式会社調査

ある……住友は、三井や三菱に較べれば「政商」としての色彩は薄かったと言わねばならぬが、しかし、陸海軍、なかでも海軍の御用商人としての仕事が、住友の発展に大きな役目を果たしていることは見逃し得ない」（二九一頁）、と。

たとえば、一九三四年の「庶務報告書」によるならば、「住友は明治四十四年以来我国ニ於ケル継目無鋼管ノ創始者トシテ艦船用鋼管、鉄道機関車用其他一般汽罐用鋼管等ヲ一手ニ製造シ来リシ」という。すなわち、「住友の鋼管事業を考えるときには海軍との密接な因縁と関係を忘るべきではない……住友の管に関する限りでは、造船も造機も造兵も航空もすべて海軍による絶大な恩恵によって育成されたもので、住友伸銅所が明治末年鋼管事業を創始して以来ずっと、製管知識の啓蒙と技術の開発は海軍の教示と指導と犠牲に待たねばならなかった……極端な表現をすれば海軍あっての住友伸銅所の鋼管であるといってもけっして過言ではない」（河村龍夫『鋼管回想仄聞記』（緒言））。

あるいは、世界恐慌（一九二九年）のころには「住友の伸銅事業も苦境に陥ったのでは」、と質問されて、春日弘（「住友と重工業」安藤良雄編『昭和経済史への証言（中）』）は答えている。「それがそうまいらなかったのは、とにかく海軍にとっついていましたからね。事実上海軍はこれをつぶしてしまったら自分も成り立たない、一蓮托生ですから、かげへ回ってずいぶん応援をしてくれましたね。むやみに暴利をとるようなことは初めから許さなかったけれども、まいらしてしまったらいかん……技術の方、とくに、艦政本部なんぞが、これはいかんというときには助けてくれましたね」

（二〇六頁）、と。

「みせかけの反資本主義」

　ここで一考を要するのは、一九三〇年代の前半に、いったい「財閥」という呼び名はどのようなものとして受け止められていたのであろうか、ということである。つまり、一概に「財閥」とはいっても、「財閥批判」という場合の「財閥」とは、あるいは満洲出入り禁止と指弾された「財閥」とは、いったい何を指していたのだろうか。

　もちろん、前述したように、一九二〇年代末までには財閥コンツェルンは歴然たる富の集中者としてその輪郭を現しており、富豪家族たちは貧富格差からくる怨嗟の的ではあった。しかし、それだけではなかったろう。政党政治との関係である。ロンドン海軍軍縮条約（一九三〇年）後に世間や軍部内で強まった「財閥批判」とは、その腐敗堕落ぶりを攻撃された政党を支える財政基盤としての「財閥」、あるいは政党政治と癒着する「財閥」として糾弾する内容のものが多かった。森川英正「戦間期における日本財閥」はいう。昭和恐慌の「経済的混乱を収拾することができない政党の無能と腐敗が、政党の資金源と考えられていた財閥に対する敵意を倍化した」（中村隆英編『戦間期の日本経済分析』、二八二頁）、と。岩井良太郎『三井三菱物語』（一九三四年）もいう。「三井と三菱の二財閥は、常識が知ってゐるやうに、それぞれ御用政党を有つて、国家政策に直接の決定力を与へてゐる」（三頁）、と。血盟団事件の井上日召（「獄中記」）はいう。「政党と財閥との関係は政党出顕と同時に随伴して利益交換的に財閥が政党に巨額の党費を支弁して来たのではあるが、其の関係は次第に密接になり、終に三井財閥を離れて政友会なく、三菱を離れて民政党なき有様となり、殊に此の二大財閥は自家の番頭、手代、走狗供を両政党の何れにも代議士として列席せしめて置くと云ふ次第で、こゝに政党は全く財閥の傀儡となり終つたのである」(『血盟団事件上申書』、二五頁)。

これらの点からすれば、三井と三菱の両財閥は、隔絶した富や勢力を誇ったからばかりではなく、当時の「腐敗堕落」した政党政治を支える財政装置とみなされたがゆえに攻撃批判されたことになる。であるとするならば、一九三〇年代初の「財閥批判」の主たる対象は三井と三菱なのであって、「政治不関与」を標榜してきた住友は除かれてもよいのかどうか。いや、「三大財閥」の一つとして住友もまたそこに含まれていたのかどうか、実際は必ずしも明らかではない[15]。

いずれにせよ、新しく誕生した満洲国にとって、財閥資本の有する資金・技術・人材などが必要でなかったはずはなかった。実際にも、「財閥系の中ではいち早く住友財閥が満州国へ進出し……そして、住友財閥の後を追って他の財閥でも満州国で企業を設立し始め」(鈴木編、前掲書、一〇五七頁)たのである。他方で、さきにふれたように、関東軍「特務部では利権投機者を絶対的に排撃するが、真剣に対満進出を試みんとする内地資本家を「国際経済戦場に於けるチャンピオン」として歓迎し」たのである。すなわち、「財閥満洲に入るべからず」(「みせかけの反資本主義」)の制札が効き目をもったのはわずかな一時期だけのことであった。また、すべての「財閥」を標的としていたわけでもなく、実態からみると表面上の建前だけにとどまったのではないかということである。満洲住友鋼管が設立された一九三四年は、しだいに「財閥批判」の声が弱まりはじめる転換の年でもあった。

つぎに住友の当時の行動を観察してみよう。

四　住友経営首脳と満洲出張

さかのぼって、住友の事業が海外拠点の設置について本腰を入れはじめたのは、日本経済が大いに活況を呈した第一次大戦期の前後からであった。一九一九年の主管者協議会での鈴木馬左也総理事訓話のなかには、「戦時中吾住友家ニ於テ大ニ紀年スベキコトハ海外ニ発展シタルコトナリ」として、いくつかの出先機関の名前が挙げられている。たとえば、「上海、漢口及天津ニ住友洋行ヲ設置シ、之ニヨリテ我カ製品ヲ販売シ、其販路ヲ東洋市場ニ開拓セントスルニアリ……又銀行ニ於テモ外国為替業務ノ発展ト共ニ、上海、漢口及孟買等ノ所謂東洋貿易市場ノ重要地点ニ支店ヲ設ケ、欧米ニテハ倫敦、紐育、桑港及シアトル、布哇ニモ各支店ヲ設ケ」、云々とあった。また、「欧米に海外支店を置いたのは民間銀行でははじめてのことであった」（『小倉正恒』、二二三頁）。

住友の海外拠点　これをさらに一九三〇年代初めの時点においてみるならば、たとえば「住友ノ事業（昭和八年三月）」によれば、住友の海外拠点は以下の通りであった。まず、住友合資会社の直営の林業所が朝鮮に五支所を、また販売店が上海販売店（住友洋行）をもっていた。さらに、傘下の連系会社では、まず住友銀行が「大正五年以来上海、倫敦、紐育、桑港、シアトル、ロスアンジェルスノ各地ニ支店ヲ開設……加之……分身タル布哇住友銀行、シアトル住友銀行及加州住友銀行ヲ置キ」、あるいは、住友生命保険が京城と台北に出張所を設けていた。とくに銀行が海外にさかんに新たな拠点（支店や子会社）を展開していたのであり、内地でも住友銀行がこのころ預金高で日本一となったことから、住友は「三大財閥」の一つに数えられるようになる。しかし、半面では、一九三〇年代初頭においても、三井や三菱のように商事会社をもたなかった住友の海外展開は以上のような状況にすぎなかったのである。したがって、一九二六年、「商工業に関する調査ならびに研究のため」に当時ベルリンに留学していた河井昇三郎が、合資会社などに宛てて、「住友将来の発展の為め……早く駐在員制度を定め、主要各地に駐在員事務所を置き住友の看板を掲げること……等を建言し」なければならなかった（「海外駐在員創始の頃の思い出」、四四八頁）。

ここで住友の経営首脳たちの第一次大戦期以降の主たる海外出張先について概観してみると、まず、鈴木馬左也総理事が一九一六年三月から七月にかけて「商工業視察のため満鮮へ出張」、これには総本店支配人小倉正恆や経理課主任川田順らが随行している[16]。一九一七年には山下芳太郎総本店支配人が「米国へ出張」、さらに理事の湯川寛吉が同年に「支那へ出張」、一八年には「米国へ出張」、など。また、鈴木総理事は一九一九年三月から翌年一月にかけて「戦後の欧米事情視察」などに出かけている。

一九二〇年代の前半には目立った出張はない。その後半になると、一九二七年五、六月、総理事に就いた湯川が「満州朝鮮」視察、随行者に川田製鋼所常務ら四名。また、一九二九年四、五月には小倉常務理事が「中国・満州・朝鮮視察」し「宣統前帝溥儀、鄭孝胥らを訪問」、これには総務部長川田順が同行した。一九二九年には大屋敦経理部長が「欧米商工業」視察、など、とある。

川田順と古田俊之助

さて、いよいよ一九三〇年代に入ると満洲住友鋼管の設立に向けての動きが活発になる。「この会社を設立するについては川田順や古田俊之助が何度か満洲へ渡り、満洲を視察したり関東軍と折衝を重ねたりしている[17]」ことが注目される。当時は「財閥満洲に入るべからず」という厳しい雰囲気に包まれていた。そのなかで、住友が先頭を切るようにして進出できた背景とは何だろうか。それを探っていくと、当時の小倉総理事の容認の下、自然、住友の経営首脳陣の中から川田順という人物の名前が浮かび上がってくる。川田は一九二二年四月から合資会社総務部長に就く二八年五月までの六年間を、住友製鋼所の支配人や取締役として務めていた。また、川田は小倉正恆が総理事に就いた一九三〇年に常務理事となっている。

川田常務理事は一九三二年二月から三月にかけて満洲に出かけた。「川田順年譜[18]」によれば、そこにはただ「奉天府に滞在し満洲国創建の実況を観察す」、と記載あるのみ。このときに川田に随行した小畑忠良（住友電線支配人）は、のちに回想して次のように述べている。「満洲事変が起こった次の正月に小倉さんのところへ年賀に行きまして……「軍は本当は金を持ってきてくれることを期待している。金を持たずに行くからいかん、だからひとつ行こうじゃありませんか」、と非常に勧めましてね。そして、川田順さんに行ってもらおうということになりました。私もお供して数人で行きました。川田さん、満州の事情知らんもんですから、財閥排斥だといって軍人になぐられるんじゃないかなどと心配してましたが、満州では非常に歓迎してくれましてね。他の財閥なんかこないですから、場合によっては金を出すというのでいっそう歓迎しました[19]」。

翌一九三三年十月、川田常務理事は古田俊之助（住友伸銅鋼管常務取締役）とともに満州出張し、「国務総理鄭孝胥訪問、執政溥儀に拝謁」した。前掲「川田順年譜」を見ても「昭和八年、五二歳……十月、満洲旅行、国務総理鄭孝胥を訪ひ、執政溥儀に謁し、奉天新京間を初めて飛行機に乗った」、とある。こうして「昭和八年の秋渡満した住友合資会社常務理事川田順、住友伸銅鋼管常務取締役古田俊之助の一行は、他の財閥が財閥を忌避する軍の思想を怖れて近づこうとしなかった新京に入り、関東軍参謀長小磯国昭の招宴に列なった[20]」。

さきの小畑忠良は回想する。「それで小磯さんなどと住友の幹部が仲良くなりましてね。何かと打ち明け話がありどういう事業がどうだ、こうだというようなことから……そのあとは住友の人もこわがらずに行くようになり、しぜん他のところより早くなったのです。はじめ三井、三菱の人たちなんか、ちょっと遠慮しておられたのは、向こうの若い少佐かなんかが財閥排撃などででたらめいいよったからですよ、酒の席などで。私は軍人の兄貴と弟の間にはさまっとったから、いっこうにこわがらなかったのです[21]」。

あるいはまた、別の記録によれば、実際の新会社設立には実務的に技術者たる古田俊之助の役回りこそが重要で、川田は満州国政府や関東軍の要人たちとの人的な機縁を醸成するパイプ役でもあった。「古田は満州事変以後の非常時において、プロペラ製造を通じて陸海軍に協力したが、さらに住友をして満洲に進出させることにより関東軍に協力した……古田俊之助は満州国の成立直後、住友合資会社の常務理事川田順などといっしょに満洲へ出かけてゆき、首都新京（長春）へ行って、時の関東軍参謀長小磯国昭中将に会った[22]」という。あるいは、「現地軍部が財閥排撃の声をあげている満洲国に、住友が真先に進出したことは各方面から驚異の眼で見られたのですが、実はその裏には古田さんの思慮深い一石が打ってあった為です。即ち、前年古田さんは住友を代表して満洲の軍、官、民を歴訪され、其の際、小磯参謀長に右計画を話して了解を求めてあった」（河村龍夫編『人間古田俊之助』、三一五頁）。

すなわち、河村龍夫『鋼管回想仄聞記』（前掲）もつぎのように述べる。「古田専務は、親しく渡満して政府の首脳と会談折衝し、住友の鋼管工場の満洲進出の諒解を得た……尼崎の新製管機の設置によって……旧スティーフェル機が全然不要になるので、これを満洲へ移転設置して有効に運転するという魂胆を潜めて、工場誘致に合致する満洲進出を計画したものにほかならない」（八六頁）、と。また、一九三四年七月には古田の命を受けて「春日、木下は……関東軍の小磯国昭中将を訪ね、昨年の古田会談につき詳細打合せのため出頭……工場の進出は関東軍特務部の管掌であって、設立許可は関東軍顧問吉田豊彦大将の意嚮によるものであること……鋼管製造工場の出願は現在五社あるが住友と日本鋼管の二社に絞って許可するという吉田顧問の裁定が出された」（八七頁[23]）。

満洲住友鋼管の設立

そして、いよいよ一九三四年九月一七日、満洲住友鋼管株式会社が設立されることとなる。新会社の主管者たる専務取締役には住友伸銅鋼管専務の古田俊之助が兼務することとなった。新会社誕生の直前の七月には、合資会社事務章程改正によって大連駐在員事務所が大連市内（東公園町）に設置されている。「大連駐在員ハ本社各部課ニ所属セザル特殊ノ機関」（昭和九年「例規」）として設置され、「大連駐在員ハ満州国及関東州ニ於ケル諸般ノ事項ヲ掌ル」（「住友ノ事業（昭和十年）」）こととなった。

同社が設立された翌年、一九三五年五月に常務理事川田は満州・朝鮮へ出張、また九月にも小畑を同行して北支那を視察、十月に帰国している。このころの主管者協議会における小倉総理事の訓示をみると、「住友ノ事業ハ洵ニ都合好ク進デヰル、鉱山事業、金融店部何レモ良好デ事業モ着々拡張サレ、殊ニ注意スベキハ対満事業ノ活躍デアリ、大連駐在員事務所ノ開設、満洲住友鋼管ノ設立」（昭和十年）など、あるいは、「満洲鋼管ハ昨年出来マシタガ、予想外ニ早ク創業ノ運ニ到ツタノニハ世人ハ驚イタ位ダ……満洲ニ於テ斯ク発展シテ行ク事ハ独リ住友ノ為ノミナラズ、広ク国家社会ノ為ニ嬉バシイ事ト思ヒマス」（昭和十一年）、などとある。

以上のように住友の経営首脳たちの出張記録からみると、住友の満洲進出にとって川田順や古田俊之助の存在が大きかった。川田はいう。「大阪と満洲との関係は極めて緊密だ。それなればこそ、満鉄は旧くから大阪に出張所を設置し……住友と満洲との関係も甚だ深かつた。満鉄が住友諸工場の製品を信頼し、これに依つて外国品を駆逐したからである。かやうな次第で、私は常に満洲への注意を怠らなかつた」（川田、前掲書（続）、一六四頁）。こうして「川田順年譜」によるならば、一九二〇年代以降の川田のいわゆる「満洲旅行」は、一九二五、二六、二七、二九、三二、三三、三五年と、実に頻繁に往来している。川田は、満洲住友鋼管が設立された「昭和九年、五十三歳、三月、

満洲国政府より建国功労賞を贈与せら」れている。(24)

住友の側からの経営首脳たちによる満洲への出張とは逆に、当時、満洲側からの来客も多くなっている。たとえば、一九三四年の「処務報告書（昭和九年）」によれば、「四月一四日於灘萬　満洲国武官一行並第四師団幹部等三四名ヲ招待ス　主人側常務理事外九名」、「一四日鄭孝胥氏一行三名舞子別邸ニ一泊　総理事外三名晩餐ヲ共ニス」、また、「五月二四日於金田中　林陸相外一五名招待主人側総理事外六名」、「七月三〇日於本社　寺内師団長送別宴　客側六名　主人側総理事外九名」。そして、いよいよ同社が設立された後にも、「一〇月六日於かどの　満洲国参事官谷正之氏外一〇名招待　主人側総務部長外六名」、「一一月一四日於花外楼　満洲国実業部大臣張燕郷氏一行招待主人側総理事外一一名」、「一二月三日於灘萬　満洲国武官一行並師団幹部三六名招待主人側常務理事外一〇名」、「一二月一六日於大和屋　伍堂卓雄氏外三名招待主人側総理事外八名」、などと続いている。

五　満洲住友鋼管から満洲住友金属工業へ

一九三四年九月に設立された満洲住友鋼管株式会社の「設立趣意書」はつぎのように記している。すなわち、「満州事変以来軍部方面ヨリ鋼管利用ノ爆弾及ビ弾丸素材ノ莫大ナル御下命ヲ拝シ、一方……一手ニ供給シ来レル満鉄ノ機関車用焔管類ハ遽《ニワカ》ニ数倍スルノ大量註文トナリ其他満洲ニ於ケル化学工業ノ勃興、大火力発電所ノ増設等ハ高級継目無鋼管ノ需要ヲ喚起シ」てきた、と。「設立趣意書」はさらに続けていう。「……故ニ今急速ニ本企業ヲ満洲ノ地ニ確立シ此ノ遽ニ勃興シ来レル新大需要ニ対シ之ガ供給ニ何等ノ不安ナカラシムルノミナラズ更ニ進ンデ北支南支ヘノ輸出ヲ計画シ東亜全般ノ需要ニ備フルコトハ一ハ帝国国防上一ハ我国国家経済上寔《マコト》ニ機宜ニ適シタル計画ナリ」、と高らかに謳いあげていたのである。

同社が設立されると同時に、住友伸銅鋼管の本店（桜島）に大阪出張所が設けられ、「満洲住友鋼管の大阪拠点として機械資材の購入・発送その他一切の内地事務を処理すること」となった。同時に、内地の尼崎工場から移転されてきた鋼管製造設備を中心とする新工場の建設がはじまった。尼崎工場では新製管機が導入されたことによって、在来のスティーフェル製管機を解体移設して現地で組み立てることとなったのである。「住友は昭和製鋼からの管材受給の関係上、昭和の隣接地である鞍山地区に敷地を求め」、譲渡された同社の「のろ捨場三万坪」で工場建設が着手された（河村、前掲書、九〇頁）。

会社が設立されてからほぼ二年を経て、「満洲の荒野が新緑に蔽われ、アカシヤの花薫る十一年六月十日」に新工場の竣工式が挙行された。「古田、木下が出張して軍、官署、満鉄、昭和製鋼などから多数を招いて披露の宴を張り、茲に新鋭工場として正式に発足したのであった」（河村、前掲書、九〇頁）。同じ年には、満洲国の治外法権撤廃の措置によって、満洲住友鋼管株式会社の「国籍」は日本国法人から満洲国法人へと変更された[25]。

同社製品の大口販売先では三井物産および満鉄向けが相当部分を占めていた。麻島昭一（前掲書）は、「満鉄向けも三井物産大連扱いに含まれていることからみると、三井物産がすでに需要家を押さえていて、その販売網を経由せざるをえない仕組みとなっていたのかも知れない」と推測している。それは「いずれにせよ同社の親会社（住友伸銅鋼管、住友金属）の大口先とは」異なっており、「満洲という立地の然らしむるところと思われ、他財閥に属する三井物産に深く依存している点に興味が持たれる」（一六六頁）、とする。春日豊『帝国日本と財閥商社』によれば、三井物産が満洲住友鋼管と「満鉄・鉄路総局向一手販売契約」を結んだのは一九三五年一二月であった（四六四頁）。

こうして高級継目無鋼管の満洲における生産はしだいに軌道に乗りはじめたが、さらに一層の事業展開に踏み切ることとなった。それは製鋼所と機械製作所の建設であった。満洲住友鋼管の敷地にさらなる新工場が作られたのである。すなわち、「満洲事変後……延び行く満洲国内の鉄道に対する車輌用品の製作工場建設は、昭和九年秋以来の問題であった。当時、関東軍の財閥入るべからずとの方針と、住友金属製鋼所の製品で独特の地歩を占めていた鉄道車輌用外輪の製作開始を狙う某有力製鋼業者の競願関係があって、容易に決せず……遂に古田専務理事を煩わして、満鉄、関東軍、満洲国政府の要路に談判する事」（『人間古田俊之助』、二〇二頁）になったという。この結果、満洲住友鋼管は「茲ニ其事業範囲ハ鋼管、製鋼、機械ノ三部門ニ亘リ満洲国ニ於ケル重工業会社ノ重要会社トシテノ偉容ヲ整ヘルニ至」ったのである（「満洲住友金属工業株式会社概況」）。麻島（前掲書）は、「同社の製鋼所は住友金属の製鋼所、機械製造所は住友機械製作の援助を受けて建設され」たのであって、同社の工場は「親会社各部門の分工場のごとき感がある」(一六一頁)、とも評している。

住友の新たな「財本」

一方、内地では同社の親会社たる住友伸銅鋼管や住友製鋼所が準戦時・戦時体制化が進展するなかで好成績をあげていた。かつて明治期以降、長年にわたって住友の事業全体の稼ぎ頭(「財本」)は鉱山業(住友別子鉱山)がその役割を担ってきた。それが、一九三〇年代に入る前後には銀行業(住友銀行)に一時稼ぎ頭の席を譲ったが、その後は急速に住友伸銅鋼管および住友製鋼所がその役割を担うようになってきた。住友では、当時、伸銅鋼管だけでなく住友製鋼所もまた輪軸組立工場の計画などを掲げて満洲進出を画策していた[26]。一九三五年九月、住友の新たな「財本」として急成長をとげつつあった両社は、ここに合併して新会社「住友金属工業」へと改称することとなったのである。同じころには、一九三四年二月に住友肥料製造所が増資を機に住友化学工業と改称、同年六月には住友アルミニウム製錬が設立されており、さらに一一月には別子鉱山新居浜製作所が分社化されて住友機械製作となっている。

内地における親会社の成長発展とパラレルに、満洲住友鋼管もまた事業展開することとなった。当初の資本金(一千万円)は一九三八年には全額が払い込まれ、同社は「満洲住友金属工業」へと改称することとなったのである。すなわち、「奉天の製鋼所、機械製作所の建設工事が完成したので、臨時建設部を解散し、昭和十三年一月……満洲住友金属工業株式会社を設立し、三所の綜合事業を開始した」(河村、前掲書、一一二頁)。一九三九年四月には、本社を鞍山から奉天に移転した。

以上のようにして、「満洲住友鋼管の操業は住友の生産事業初の満洲進出であ」った。また、同社は「この地に於ける鋼管製造の先駆として現地自給の任を果したが、後更に製鋼・機械製作部門を加えて満洲住友金属工業株式会社となった」わけである（『住友金属工業五十年史（未定稿）』第四分冊、九五頁）。住友本社経理部「住友事業ノ概要に就テ（昭和十八年二月）」は、こうして陣容を整えた同社の様子について、「住友金属工業会社ヲ満洲国ニ再現シタモノ」（一九七頁）とも表現していた。

一九三〇年代も後半になると、さすがに「財閥満洲に入るべからず」の声は遠く聞こえなくなっていた。それにつれて財閥系諸企業の満洲進出も急速に増えはじめた。住友でも、一九三六年に満洲通信機、三七年に満洲電線、三八年には満洲神東塗料などの在満企業を設立している。それらは、それぞれに連系会社たる日本電気（住友通信工業）、住友電線製造所（住友電工）、住友化学工業の関係会社として誕生したのである。

注

（1）　山室信一『キメラ―満洲国の肖像―』、一八六頁。満洲については、たとえば岡部牧夫『満州国』三省堂（一九七八年）、藤原書店編『満洲とは何だったのか』藤原書店（二〇〇四年）、など多数。

（2）　当時、住友合資会社の常務理事であった川田順はいう。「昭和六年秋のこと、満洲事変突発と殆ど同時に弗買問題なるものが起つて、極右のわからず屋共や軍部の素人達が三井・三菱・住友などの諸大銀行を国賊呼ばはりした……当時、大阪毎日新聞社の重役から私宛に「住友の買った弗の額を知らせてもらひ度し」と照会して来たが、秘密にする必要ないと思つたので、銀行専務の八代則彦と相談の上、正確な数字を回答した。それは、三井が買つた額よりも遥かに少かつたけれども、三菱のよりは多かつた」。『住友回想記』、九六頁。

（3）三井の「財閥転向」策については三井文庫『三井事業史』本篇第三巻（中）、二四三〜二五八頁、など。一九三三年に三井合名会社の筆頭常務理事となった池田成彬に関して、「池田氏のところには、よく軍人や右翼の人たちが顔を出していた……選挙が始まると、こんどはよく政治家が出入りした……当時、政友会は三井、憲政会は三菱が費用を受け持っていたと伝えられていた」（江戸英雄『私の三井昭和史』、三六頁）。また、井上や団の暗殺に関して、池田成彬『私の人生観』はいう。「私は満洲事変から……ズッと護衛の巡査をつけられて居た。しかし本当に危なかつたのは日召の時など二三遍ではなかつたかと思ふ。それでも年がら年中危ないといふので十数人の巡査が来て居て、神兵隊事件の時など朝起きてみると巡査が三十人も来て居る」（一三四頁）。また、一九三三年の住友合資会社の「処務報告書」にも、「犯人ハ井上日召ヲ盟主トスル血盟団五人組ノモノニシテ取調ベノ結果財界ノ巨頭有力者ヲ逐次窺仇シオルコト判明セリ、依テ万一ノ場合ヲ慮リ〔小倉〕総理事及八代専務ノ御身辺ヲ警戒スルコトトナリ……護衛ヲ附シタリ」、とある。

（4）以下も池田成彬の回顧談。「昭和八、九年の頃で、当時は財閥が各方面から目の敵にされた時代だ。三井報恩会はさういふ時に出来た。勿論三井の自衛といふ意味もある。軍部や右翼の勢力が怕いから、それを緩和しようといふ考へもあつたであらう。けれども……決して怕いから仕方がなくて、いや〳〵作つたといふものではない」、しかし、「世間の人達は、三井はあんなものを作つたけれども、あれは世の中がうるさいから風除けに拵えたのだらう、さういふ風に見て居つた」。『私の人生観』、一二一頁

（5）「関東軍には満洲国の政策方針を決定する機関として特務部が設けられていた（一九三二年二月二日。前身は統治部）。そして、特務部が決定した方針に基づいて計画立案するのが満鉄経済調査会だった……経調は満洲国単独では経済的政治的自立は困難であり、日満経済ブロックを大前提とした計画経済に基づいた強力な国家統制が必要だと考えていた」。加藤聖文『満鉄全史』、一四八、一五〇頁。これについて、「この綱要

は……軍の口伝をそのままうけて、それを文章化した……関東軍の方針、いわば「みせかけの反資本主義」ともいうべきものに対して、日本の財界の反応はきわめてきびしかった」。野々村一雄『回想 満鉄調査部』、三九頁。また、草柳大蔵『実録満鉄調査部（上・下）』、など参照。

（6）さらに加えて、住友が満鉄および満洲国と組んで、早々と一九三二年に満洲航空株式会社を設立したことも注目される。同社は準特殊会社で、当初の資本金は三八五万円、うち満鉄一六五万円、満洲国一一〇万円、住友合資一一〇万円であった。この満洲航空に三井、三菱も加わったのはのちの一九三六年であり、後掲表4－3にあるように「三大財閥」の持ち分は同等となった。あるいは、生命保険業の満洲進出でも住友は先駆けている。「住友生命では先ず其の皮切りとして近く大連支店設置を内定……満洲への進出を企図せるものであり、尚住友生命では新京支店設置も考慮されている模様」（「大阪時事新報」一九三二年一一月一二日）。

（7）本溪湖煤鉄公司については同書第五章の村上勝彦「本溪湖煤鉄公司と大倉財閥」、がくわしい。大倉組はのちに「日産コンツェルンの対満進出とならんで満州開発に一新紀元を画するといわれた大倉事業株式会社や満州大倉土木株式会社、満州大倉商事株式会社などの設立」（一四一頁）など、さかんに事業活動を続けた。また、一九三二年九月に三井物産と共同出資の形で（株）奉天造兵所（二百万円、折半出資）を設立している。

（8）栂井義雄『三井物産会社の経営史的研究』（第六章）は「満洲買収計画」をよりくわしく説明している。

（9）なお、「満洲国建国記念大博覧会が大連で開催されることになり、住友は特設館を建設して之に参加した。本社の文書係はこのような仕事を管掌していたので、私は住友特設館係を仰せ付かり……毎日博覧会に出勤していた。そんな或る日、三井物産の大連支店から、住友製鋼所の河井さんがお見えになるので一席設けるからとの招待、……住友の満洲探題と自任しておられた山添程次さんや、嘱託だった牧野海軍少将も同席しておられた」。津田久「思い出を手繰って」『追想録河井昇三郎』、二一六頁。ちなみに、一九四二年には

「満洲建国十周年記念大東亜建設博覧会」が開催されている。

(10) 長沢康昭「本社部門の役割」、二六七頁。同社について『三菱社誌』(三七)は、「三菱重工業、三菱電機、三菱商事三社ニ於テ具体案研究中ノ処合資会社モ之ニ参加シ各社一万五千株宛テ引受……設立ヲ見タルモノナリ」(一〇三七頁)、としている。

(11) 井上日召(小沼廣晃『血盟団事件公判速記録』(上))は語る。「私の方は暗殺をするが、誰をすると云ふことは問題でなく……政友会とか民政党とか、或ひは大財閥と云ふ事を言って居るだけ」(二五九頁)。また、「十月事件の後だったか分かりませぬが、兎に角私の居る所で話が出た、私は黙って聞いて居りました。それは斯う云ふことです。京都の帝大に住友の当主が学生で居る、あれをやるなら訳はない、……私が少し句《ママ》調を更めて、それはいかぬ、我々は財閥、政党、特権階級と云ふものを狙ふ、それに挑戦するけれども、住友の主人を狙ふのではないのだ」(二六七頁)。

(12) 日産コンツェルンについては、和田日出吉『日産コンツェルン読本』、また、宇田川勝『日産コンツェルン経営史研究』、同『日産の創業者 鮎川義介』、など。

(13) 『住友金属工業五十年史』(未定稿)第四分冊、九四頁。なお、同社設立の「計画要綱」をみると「日本法人ニヨル株式会社トス」、とある。さらに、計画では「払込五百万円」を予定しており「但、満鉄、昭和製鋼所等特殊ノ利害関係アル会社ノ参加ハ希望ス」、と記されていた。

(14) 同前。また、満洲では「満州事変以後、金属工業法人の設立が増加し……日中戦争開始までに三二社が設立された」。そのうち、鞍山の昭和製鋼所の工場地区内には満洲住友鋼管のほかにも、満洲亜鉛鍍金、鞍山鋼材、満洲ロール製作所、満洲鋳鋼所などがあり、さらに近在にも日満鋼管、満洲久保田鋳鉄管など、「昭和製鋼所の銑鋼一貫化に対応して……鞍山に鉄鋼精錬・部材生産コンビナートが形成され」た。鈴木邦夫編『満洲企業史研究』、六八三～四頁。なお、この時期の住友伸銅鋼管については、長島修『戦前日本鉄鋼業の構造分析』、一二三～三〇頁。

(15)「住友には昔から「政治に関係するなかれ」といふ不文律が儼存した。但し、その意味は、政治家と交際するなかれ、といふことではなかつた。……湯川の総理時代に西園寺公の秘書の原田熊雄を住友の嘱託として以来、おのづから住友人と政界の人達との交際が繁くなつたけれども、原田を利用してうまいことをしようといふ如きけちな住友ではなかつた。そんなことを黙認する西園寺公でもなかつた」。川田順『住友回想記』(一三六頁、傍点原文)。

(16)前掲の川田『住友回想記』にはこの出張の際に記された「随行紀程」がある。同書には鈴木馬左也総理事について、「第一次世界大戦の最中に、彼は「満鉄総裁になつてくれぬか」と政府から相談を受けた。これは今日まで秘話であつたが、本当のことだ。私は当時それを勘付いたので「お受けになりますか？」と伺いを立てたらば、彼は「わしが辞めたら、住友をどうする？」」(六一頁)。

(17)栂井『小倉正恆伝・古田俊之助伝』、一六三頁。なお、「満洲事変の頃まで、住友は海外に事業をもっていなかった。銀行は上海とかアメリカに支店があったが、事業はやっていなかったのである。他の財閥は、その頃、相当海外に出ていた。そこで、僕の時代に、満洲事変後匪賊の横行している時に満洲に出て行った。……当時の満洲は軍人の天下だった。財閥は最も評判の悪かった時で、まるで財閥を罪人のように考えていた」。古田俊之助「住友憶い出すまま」『ダイヤモンド』一九五二年三月一五日号、八五頁。

(18)『短歌』(特集 川田順追悼)、一九六六年四月号。

(19)小畑忠良「住友から企画院へ」、一一九頁。また、川田も次のように述べている。「鄭孝胥が非凡な詩人なることは世間が知つてゐる。私は大正五年上海で初めて面晤して以来数回逢つて親しくして戴いた……先生が満洲国最初の総理となつたことは、いふまでもない。昭和七年初春、満洲国創建の模様を傍観すべく奉天府に滞留した私は、先生の忙しさをもわきまへず時々訪問した」。(『続住友回想記』、一六二頁)。

(20)『社史住友電気工業株式会社』、六八六頁。また、一九三二年、陸軍省次官から関東軍参謀長に転じた小磯国昭は「当時喧伝されていた財閥満洲に入るべからず論を否定して「日本内地の資産家の間には満洲に資本を下すことを在留民が反対してゐるといふ考が相当根強く伝へられてゐるので私は驚いて打消しに回った」（「東京朝日新聞」、一九三二年八月二七日）、と述べている。同じく、小磯国昭自叙伝『葛山鴻爪』をみると、「満洲には財閥入るべからずといふ制札が樹てられてゐる等といふ既往のデマに誤られることなく国利政策の大着眼下に果敢なる経済進出を切望する」（五八四頁）、とある。また「内地企業家も満洲問題が果たしてどうなるかを危惧してゐたものと見え、経済進出するものも殆ど皆無であつたが、熱河作戦が終ると間もなく住友常務の古田俊之助君が渡満……前から懇意な間柄なので「住友あたりが陣頭に立つて……差向き鞍山辺りに鋼管製造工場でも建設してはどうか」と勧誘して見たところ、古田君も乗り気になり、鞍山の製鋼と連携して鋼管工場の実現を見た」（五八二頁）。

(21) 小畑「住友から企画院へ」、一一九頁。「私の兄貴（英良、陸軍大将、参謀本部部長）も弟（信良、陸軍中将、駐米武官）も軍部におったんで、私は軍人と仲がいいんです」。同、一一七頁。

(22) 栂井義雄『古田俊之助伝』、二五七頁。あるいはまた、「満洲事変の最中古田さんを団長にして、私共数人がお供して一ヶ月程満洲を旅行して廻つた時の事である。使命は何であつたか忘れてしまつたが、とにかく非常時局に際して住友の満洲対策の具体化を計る為め軍官民の枢要部への地ならしの挨拶廻りであつたと思う……満洲の特殊気分は前年川田さんに随行して矢張り一ヶ月程も廻つて居るので十分心得て居るし、実業家にとつて目の上のこぶと思われ一般に畏怖忌憚されて居つた軍官の連中には平素から懇意な友人が多い」。小畑忠良「古田さんを思う」『古田俊之助追懐録』、五五〇頁。

(23) 「読売新聞」（一九三四年八月二六日）は「在満鋼管会社競争激化」とする記事で、「満洲国内における鋼管会社新設計画は全部で五つの多数……右の内実現性確実とみられてゐるのは今のところ日本鋼管、住友伸銅鋼管両社の計画」、と伝えている。なお、表4－2にある日満鋼管とは日本鋼管が五五・五％出資で設立した鍛接鋼管の製造会社である。

(24) 川田にはこの当時の日記は残されていない。「私は大阪の実業界に厄介になつてゐた時分、職務上、第四師団の幹部らとも交際した。歴代の師団長の中で私が最も親しくつきあったのは寺内壽一と建川美次とであった」。川田『続住友回想記』、八七頁。なお、川田常務理事は小倉の次の総理事として期待されていたが、一九三六年五月に住友を辞して実業界から引退した。小倉のあと、一九四一年二月、住友の「最後の総理事」に就いたのは古田俊之助であった。

(25) 満洲国と治外法権の推移については、武藤富男『私と満洲国』(一九八〇年)、五六〜六〇頁。

(26) 「関東軍特務部ハ昭和九年十月二十日付ヲ以テ神戸製鋼ヨリ出願ノ「外輪工場」並ニ住友ヨリ出願ノ「輪軸組立工場」ノ両者共夫々許可ノ指令ヲ発シタリ」。満洲における外輪工場の建設をめぐる住友製鋼所と神戸製鋼所の角逐については、住友本社「満洲ニ於ケル外輪工場問題ノ経緯」(一九三七年)。また、「満洲事変が起ると……すぐに新事態に応ずるため奉天にかけつけ……関東軍の満州鉄道計画に参画した。かくて貧乏人の金持とも云ふべき住友製鋼所の保有金七百万円の虎の子を投げ出して従来の三、四〇倍の仕事に応ずる設備拡張を開始した。之は川田順氏の英断であり小倉正恆総理事の大度であった。古田俊之助氏はパイプを満洲で作ると鞍山へ満洲住友鋼管を作った。神戸製鋼所が先に車輛用鋳鋼品及タイヤー製造の申請をしてこの時は住友は後手を打った……」。山添程次「古老談話記録(一)」。

麻島昭一『戦間期住友財閥経営史』東京大学出版会、一九八三年
飯田繁「満洲国資本問題の展開」堀経夫編『満洲国経済の研究』日本評論社、一九四二年
池田成彬『私の人生観』文藝春秋新社、一九五一年
岩井良太郎『三井三菱物語』千倉書房、一九三四年
宇田川勝『日産コンツェルン経営史研究』文眞堂、二〇一五年
宇田川勝『日産の創業者 鮎川義介』吉川弘文館、二〇一七年
江戸英雄「転換期の三井コンツェルン」安藤良雄編『昭和経済史への証言(中)』毎日新聞社、一九六六年

江戸英雄『私の三井昭和史』東洋経済新報社、一九八六年
大倉財閥研究会編『大倉財閥の研究』近藤出版社、一九八二年
小倉正恆伝記編纂会『小倉正恆』、一九六五年
小沼廣晃『血盟団事件公判速記録』(上)、一九六七年
小沼廣晃『血盟団事件上申書』、一九七一年
小畑忠良「古田さんを思う」『古田俊之助追懐録』、一九五四年
小畑忠良「住友から企画院へ」安藤良雄編『昭和経済史への証言(中)』毎日新聞社、一九六六年
春日弘「住友と重工業」安藤良雄編『昭和経済史への証言(中)』毎日新聞社、一九六六年
春日豊『帝国日本と財閥商社』名古屋大学出版会、二〇一〇年
加藤聖文『満鉄全史』講談社、二〇〇六年
角川書店『短歌』(特集 川田順追悼)、一九六六年四月号
河井昇三郎「海外駐在員創始の頃の思い出」『追想録河井昇三郎』、一九七五年
川田順『住友回想記』、『続住友回想記』、中央公論社、一九五一年、一九五三年
河村龍夫『鋼管回想仄聞記』住金物産株式会社、一九七四年
河村龍夫編纂『人間古田俊之助』、一九五七年
草柳大蔵『実録満鉄調査部(上・下)』朝日新聞社、一九八三年
小磯国昭自叙伝『葛山鴻爪』、一九六三年
小島精一『満鉄コンツェルン読本』春秋社、一九三七年
小山俊樹『五・一五事件』中公新書、二〇二〇年
坂本雅子『財閥と帝国主義』ミネルヴァ書房、二〇〇三年
下谷政弘「住友の本社組織と連系会社」『住友近代史の研究』ミネルヴァ書房、二〇二〇年

鈴木邦夫編『満州企業史研究』日本経済評論社、二〇〇七年
住友金属工業『住友金属工業五十年史』（未定稿）第四分冊、一九五三年
住友電気工業『社史住友電気工業株式会社』一九六一年
大連市役所『大連市催満洲大博覧会誌』一九三四年
高橋亀吉・青山二郎『日本財閥論』（日本コンツェルン全書）春秋社、一九三八年
武田晴人『財閥の時代』新曜社、一九九五年
津田久「思い出を手繰って」『追想録河井昇三郎』、一九七五年
栂井義雄『小倉正恆伝・古田俊之助伝』東洋書館、一九五四年
栂井義雄『三井物産会社の経営史的研究』東洋経済新報社、一九七四年
長沢康昭「本社部門の役割」三島康雄他『第二次大戦と三菱財閥』日本経済新聞社、一九八七年
長島修『戦前日本鉄鋼業の構造分析』ミネルヴァ書房、一九八七年
野々村一雄『回想 満鉄調査部』勁草書房、一九八六年
原朗『満州経済統制研究』東京大学出版会、二〇一三年
旗手勲『日本の財閥と三菱』楽游書房、一九七八年
樋口弘『計画経済と日本財閥』味燈書屋、一九四一年
藤原泰『満洲国統制経済論』日本評論社、一九四二年
古田俊之助「住友憶い出すまま」『ダイヤモンド』、一九五二年三月一五日号
満史会編『満州開発四十年史（上）』満州開発四十年史刊行会、一九六四年
満洲帝国政府編『満洲建国十年史』原書房（明治百年史叢書）、一九六九年
三島康雄『三菱財閥史（大正・昭和編）』教育社、一九八〇年
三井文庫『三井事業史』本篇第三巻（中）、一九九四年

三菱社誌刊行会『三菱社誌』（三六）（三七）、東京大学出版会、一九八一年
南満洲鉄道株式会社『満洲と満鉄』昭和十三年版、一九三八年
三宅晴輝・栂井義雄『三井・三菱・住友』要書房、一九五三年
武藤富男『私と満洲国』文藝春秋、一九八〇年
森川英正「戦間期における日本財閥」中村隆英編『戦間期の日本経済分析』山川出版社、一九八一年
山崎広明「一九二〇年代の三井物産」中村隆英編『戦間期の日本経済分析』山川出版社、一九八一年
山添程次「古老談話記録（一）」、扶桑金属工業、一九五九年
山室信一『キメラ―満洲国の肖像―』中公新書、一九九三年
山本一雄『住友本社経営史』（上・下）、京都大学学術出版会、二〇一〇年
和田日出吉『日産コンツェルン読本』春秋社、一九三七年

第五章　戦時統制経済と財閥
――「住友戦時総力会議」について――

一　ピラミッド型コンツェルン

第二次世界大戦の敗戦後に三井・三菱・住友などの財閥ピラミッドは解体された。一九四五（昭和二十）年八月、ポツダム宣言を受諾した後の占領下においてであった。しかし、その後に日本経済の戦後復興が急速に進むなかで、やがて旧財閥のメンバー企業は新たな形をとって再結集しはじめた。いわゆる戦後型の「企業集団」の結成である。企業集団のメンバー企業の社長たちの集まり（「社長会」）としては、住友の白水会の成立が早く、公式には一九五一年のこととされているが、その後に三井の二木会や三菱の金曜会などが続いた。

'headless combines'　かつて財閥解体の作業に参画したニュー・ディーラーたちの一人、エレノア・ハドレー（E. Hadley）は、戦後の日本社会に新たな装いをもって登場した企業集団についてつぎのように述べていた。「企業集団にたいする現在の日本語の一般的ないい方は、系列である……通常、財閥会社の後継集団または「頭のない結合体」'headless combines'をさしている」（"*Antitrust in Japan*", 1970, 小原・有賀監訳『日本財閥の解体と再編成』〔一九七三年、二九二頁〕と。ピラミッド型の姿をとっていた旧い財閥組織が、「司令塔」（財閥本社）をもたない新たな集団へと生まれ変わったのである。司令塔不在の企業集団においては、メンバー企業は互いに自主的・自立的な立場となった。すなわち、新たな「社長会」とは基本的にグループ全体の情報交換や懇親などを建前としており、旧い司令塔に代わるものではなかった。

こうして、第二次大戦後の財閥解体の措置を経て、戦前の財閥ピラミッドは戦後の企業集団へと姿を変えた。これまでのタテの財閥組織はヨコの企業集団（headless combines）へと変化したわけである。しかし、ここで指摘しておかねばならないのは、いくつかの財閥組織は敗戦の日を迎えるよりも前に、つまり戦時統制経済のさなかにおいて、すでに司令塔をもたないheadlessな集団への転換を余儀なくされていたということである。

財閥ピラミッド　戦前の日本経済は、いくつかの巨大な財閥資本によって支配されていた。たとえば、全国企業の払込資本金ベースでみるならば、三井・三菱・住友の三大財閥だけで一九三七（昭和一二）年には一二・一%をも占めていた。それが、表5－1に示したように、さらに敗戦直後の財閥指定時、すなわち一九四六（昭和二一）年には二五・六%を占めるまでになっていた。戦時統制経済が進行するなかで、巨大財閥への資本集中がさらに一層加速されたことがわかる。

これまで見てきたように、財閥の組織はピラミッド型の構造をとっていた。頂点に家族同族をいただき、その所有支配のもとにおいて持株会社（財閥本社）が傘下の諸事業会社を一体的に管理統括していたのである。裾野広く各種様々な事業会社を展開していた財閥ピラミッドは、巷間いわゆる「コンツェルン」とも呼ばれた。

表5-1　三大財閥の位置

（単位：%）

		三井	三菱	住友	合計
金融	1937	4.3	7.7	3.6	15.6
	1941	4.5	8.0	3.7	16.2
	指定時	13.9	13.1	5.4	32.4
重工業	1937	5.9	5.2	3.4	14.5
	1941	7.8	6.0	3.6	17.4
	指定時	12.7	10.7	8.3	31.7
合計（傘下のみ）	1937	3.5	3.3	2.1	9.0
	1941	4.4	4.3	2.1	10.8
	指定時	9.5	8.4	5.2	23.1
合計（含本社）	1937	5.2	3.9	3.0	12.1
	1941	5.3	5.0	(2.6)	(12.9)
	指定時	10.7	9.1	5.8	25.6

出所：武田晴人「独占資本と財閥解体」大石嘉一郎編『日本帝国主義史』（3）、246頁。

もとより富豪たちの事業体が相次いでピラミッド型の構造をとりはじめたのは、ほぼ第一次大戦をはさんだ一九一〇年代からのことであった。それまでにも「家業」を中心とする事業経営の範囲は多角的な展開を見せていた。しかし、第一次大戦の好景気がそれらを一挙に膨張発展させたのであり、また、事業の急激な成長はそれらを事業ごとに株式会社として分離させずにおかなかったからである。他方、本体自体の形態についても、税制改革の影響などもあって、個人経営から、たとえば三井合名会社、三菱合資会社、住友合資会社などのように法人化した。それらは、傘下に子会社を擁することによって持株会社としての機能を発揮しはじめた。いわゆる持株会社としての財閥本社の成立である。当初は合名会社や合資会社の形態を採用していた財閥本社は、のちの戦時経済のなかでは相次いで自らも株式会社へと組織転換している。

こうした持株会社が統括するピラミッド型コンツェルンという組織形態は、裾野広く各種の産業分野に多角化していた綜合財閥にとって、全体を一体的に支配するのに効率的かつ合理的な組織であった。あるいは、ピラミッド型コンツェルンという形態は資本集中の作用点としても大いに威力を発揮したのであって、財閥ピラミッドは、敗戦後にはＧＨＱ（連合国軍総司令部）によって巨大資本の象徴として、すなわち「日本の商業及び生産上の大部分を支配し来りたる産業上及び金融上の大コンビネーション」として徹底的に解体されざるを得なかった。いわゆる「財閥解体」である。財閥家族や主要経営者らが公職追放され、財閥本社たる持株会社は整理廃止され、新たに制定された独占禁止法によって持株会社の設立も禁止された。ピラミッド型の財閥コンツェルンという巨大組織は解体され、その命運も尽きたのである。

しかし、注意すべきなのは、ＧＨＱによる財閥解体よりも前に、こうした財閥ピラミッドの一体的支配の体制はすでに崩壊しはじめていたということである。それを崩したのは他ならぬ戦時統制経済であった。なかでも産業別に設立された統制会、あるいは軍需会社法（軍需会社指定）が重要な役割を果たした。すなわち、戦時統制経済は財閥傘下の事業会社のヒト・モノ・カネをピラミッド組織の外側から牛耳ることによって、財閥本社（「司令塔」）による管理統括機能を弱体化させずにおかなかった。また、それにつれて傘下事業会社の「自主的経営」の気運も高まることとなり、しだいに財閥本社の羈絆から脱しはじめた。戦時統制経済のもとで財閥本社は深刻な機能不全の状況に陥ったのであり、それへの対抗措置がとられねばならなかった。本章においては、その一例として、住友財閥が一九四四年九月に設けた「住友戦時総力会議」を中心に取り上げ、その内容について考える。

以下、まずもって戦時統制の推移について概観しておこう。ついで、住友財閥の「司令塔」の中味についても具体的に見ていくこととする。

二　戦時統制経済――統制会と軍需会社法

一九三〇年代は日本経済にとって民間企業の重化学工業化が飛躍的に進展した時期であった。戦時統制経済とは、それら民間企業が有するようになった工業生産力を、国家によって戦時動員することを意味していた。

戦時統制経済は一九三七年の日中戦争の本格化を契機として、翌年の国家総動員法によってスタートした。当時、「多額且つ莫大な軍需の整備は民間工場に依存するところが非常に多」くなりはじめたのである。とくに、一九三八年以降には軍部による民間工場の「利用」が急増しはじめ、「現に利用中のものは約三八〇〇工場に上り平時利用の約二・五倍に達して」いた。そのうち、とくに重要な工場は軍需工業動員法にもとづく「工場事業場管理令」（一九三七年九月）によって、三八年一月より相次いで軍管理による軍需品工場として指定されはじめた。こうして、「工場生産ヲシテ最モ剴切ニ軍事上ノ要求ニ適合セシムル如ク官民協力ノ実ヲ収ム」ことを目的に掲げ、軍部による民間工場の直接管理が、あるいはまた軍工廠との連携が格段に強化されはじめたのである（下谷政弘「一九三〇年代の軍需と重化学工業」同編『戦時経済と日本企業』）。

統制会の設立　しかし、以上はまだ民間企業の個々の「工場」を単位とする統制の段階にすぎなかった。それを一段と厳しい「企業」統制の段階へと強化させたのは、一九四一年、主要な産業を国家統制の下におくことを目的とした統制会の設立であった。統制会は産業別に企業活動を統制する目的を掲げて設立されたのであり、同年一一月から翌年一月にかけて、まず一二業種（鉄鋼、石炭、産業機械、電気機械、精密機械、車輛製造、自動車、セメント、鉱山、金属、貿易、造船）が、ついで四二年八月には七業種（軽金属、化学、ゴム、皮革、油脂、塗料、繊維）がそれぞれ指定された。「設立せられつゝある統制会の狙ふ目的は、もとより、臨戦経済体制確立の担当者として、焦眉の急務たる増産を達成するにある。その基本的機能として、（一）政府の産業計画の大綱樹立に協力し、（二）斯くして決定せられたる大綱に従ひ精算並びに配給に関する具体的実施計画を樹立し、責任を以て之が遂行の任に当る」ことであった（小柳賢一『戦時下の日本経済の発展』、一九四二年、二一八頁）。

これら産業別に設立された各統制会においては、政府によって任命された会長が「指導者原理」

の名の下に強力な権限を発揮した。すなわち、会員企業の生産計画・原材料計画・配給計画などの設定遂行が、あるいは企業整備の方針などについても、実質的に政府の監督下に統括されることとなったのである。

また、何よりも、多くの産業部門に展開していた綜合財閥では、その傘下企業はそれぞれが携わる産業の統制会ごとに分かれて属さねばならなくなった。小宮山利政『統制会と財閥』（一九四二年）はつぎのように説明する。「縦断的に産業ブロックに持って行かうと云ふのですから、コンツェルンの如きものを一つのものにして持つて行くと云ふことは意味をなさない」。さらに、「一つの企業は一つの統制会にのみ入ればよいので、例へば、多角経営の場合には主たる産業のみ加入を認める、と云ふやうに解釈してをる」。すなわち、「成べく幾つもの統制会に入らないやうな構成をとる」。しかしながら、「重要なものは何うしても重複して統制会に入らなければならない……さうすると、例へば三菱鉱業の場合で云ふと、石炭の統制会にも入り、鉱山の統制会にも入らなければならない……一つの会社で四つ五つの統制会に入らなければならぬ」（五八頁）。

あるいは、「統制会が主要産業部門に亘って設立されると、従来のカルテル乃至組合的統制に較べて、著しく強化された全面的な産業統制が行はれるやうになつてくる。従来のカルテルは……市場統制、即ち販売統制が中心であつたが、統制会はむしろ国家の利害に重点を置いた生産統制を眼目とし……産業全体としての能率向上や種々の合理化強行方策を推し進め」（五三頁）るのだ、と。

すなわち、「カルテルが私的利益を追求する独占組織であるとすれば、統制会はカルテルに公益優先の性格をもたせて、企業を軍需生産に動員する戦時強制カルテルの性格をもつものであった」（長島修「戦時経済研究と企業統制」下谷・長島編『戦時日本経済の研究』、一一頁）。

しかし、さらにその後、太平洋戦争の激化は戦時統制そのものの内容を次のステップへと進めずにはおかなかった。「経済統制が配給の面から漸次生産の面に浸透し、物資、価格および利潤等に対する法的・外面的規制から、企業そのものの構造の内部に迄入りこんでくるにつれて、財閥コンツェルンの支配と、統制会の指導とはしばしば相交錯する」ようになった。「統制会の指導と財閥コンツェルンの支配網との連関をいかに調整すべきか……慎重に考究せらるべき緊急の問題とな」（帆足計『統制会の理論と実際』、六〇頁）ってきたのである。あるいは、戦局の逼迫にともなって陸海軍工業会などの新組織が発足し、軍部から民間企業への直接発注が急増するなど、しだいに統制会の存在を無視した軍部の動きが目立ちはじめた。統制機構がたがいに輻輳して混乱ぶりが露呈されてきたのである。とりわけ、「軍からの直接発注の増大は……企業統制機関としての統制会の意義を低めることとなった」（長島、同前、一二頁）。

軍需会社体制　こうした事態を背景として、今度は国家が企業経営を直接的に統制管理する方式が浮上してきた。一九四三（昭和十八）年の軍需省の発足および軍需会社法の成立である。これまでの統制会方式に重ねて、直接に民間企業の経営を国家的統制の下におく「軍需会社体制」が成立し、軍需会社法にもとづく軍需会社の指定がはじまったのである。それは戦力増強を最優先目標に掲げて、企業の人事や組織にまでわたる直接的な統制となり、軍需会社では「生産責任者」が政府によって任命された。軍需会社法にもとづく軍需会社は、一九四四年一月にまず一五〇社が、ついで同年四月に四二四社が指定され、最終的には合計七〇六の事業会社が指定されたのである。同時に、軍需融資指定金融機関制度も開始され、軍需会社は指定された金融機関から融資を受けることとなった。

このようにして、戦時下の民間事業会社は、戦局がいよいよ厳しくなるなか、何よりも軍需会社に指定されることとなしには必要な資材も資金も人員も回らない状況に追いやられていた。統制は政府（軍部）による企業経営全般に関わる直接的な形のものとして強化されたのである。他面では、民間企業の事業意欲を喚起する方策として、いったん軍需会社に指定されれば種々の煩瑣な規制から解除され、また利潤保証も与えられるなどの措置も図られた。

以上のような産業別の統制会や軍需会社指定による諸規制の影響は、もちろん、財閥コンツェルンの全体およびその傘下にあった事業会社に対しても押し寄せた。すなわち、まず一九四一年からの統制会体制のもとでは、財閥コンツェルンでは「持株会社があつて〔傘下の〕系統会社を統制する」わけだが、「近来、これ等コンツェルン傘下の各社が産業別に国家の指導統制を受けるやうになつたので、持株会社の統制機能は国家の統制の範囲内に止まる可く余儀なくせられ、従つてその必要性は減少した」（由井眞吉「コンツェルンの統制機構」、一五七頁）。

ついで、一九四四年からの軍需会社体制においては、財閥傘下の事業会社の多くが軍需会社として指定されはじめた。その結果として、これまで財閥本社の管轄下にあった各社のヒト・カネ・モノの供給が、さらに急速にピラミッドの外側から支配されるようになった。財閥本社によるピラミッド全体の統括管理は深刻な機能不全に陥ったのであり、「つまり縦の支配網が統制会、軍需会社法其他種々の統制方式に依つて切断される恐れが生じてきた」のである。ここに、これまで「縦断的に資本と人との力を以て支配網を構成してゐた財閥は、その支配力を再確認するために何等かの手を打つ必要を感じてきた」(「財閥本社論(一)」『東洋経済新報』一九四五年二月二四日号)。

三　住友財閥コンツェルン

つぎに住友財閥のピラミッド全体の姿を概観しながら、その統括機構の変遷についてあらためて振り返っておこう。

住友吉左衛門の個人経営の住友総本店が、住友合資会社へと法人改組されたのは一九二一年二月であった。「住友では住友家の事業ということで事業を会社組織とすることを極力避けてきた」という事情もあって、改組の時期は三井や三菱など他の財閥に比べて遅かった(山本一雄『住友本社経営史(上)』、三九〇頁)。また、「改組が遅れたことは住友の閉鎖的性格と無関係ではないと思われる」(麻島昭一「一九二〇年以降の住友財閥に関する一考察」、三七頁)、とも指摘されている。

住友合資会社の社長は住友吉左衛門(友純)、資本金は一億五千万円で、出資は住友吉左衛門が一億四千八百万円とほとんどを占め、残りの二百万円を子息ら四人の同族が出資した。以上の財産出資社員の他に、労務出資社員として総理事の鈴木馬左也のほか理事二名が名を連ねた。「四大財閥では……いずれをとっても社員を財閥一族だけに限定しているのにたいし、住友の場合、一族外から三人も社員に名を連ねていることは、まさに異例といわねばなるまい。その上、住友家当主であり住友財閥総帥の吉左衛門が代表社員であったのは当然として、使用人の鈴木〔馬左也〕までが代表社員となっている」（麻島、同前、三八頁）。

一九二一年に合資会社が設立されて以降は、さきに見たように内部事業の株式会社としての分離独立（分社化）が本格化した。「傘下事業の株式会社化は本社からの指令に基づく統一的・計画的なものではなかった。それは傘下各事業の実情に応じ、機をみて適宜実施されており、三井や三菱とは異なる住友の特色」（畠山秀樹『住友財閥成立史の研究』、三一六頁）、という評価もあるが、この「合資会社時代こそ、住友財閥が総合的な三大財閥の一角として形を整えた時期であった」（麻島、同前、三六頁）。

さて、当初は傘下の連系会社の社長はすべて合資会社の社長たる家長が占めていた。しかし、もとより住友では家長はあくまでも象徴的な存在であった。「元禄以来の歴史を持ち、封建の匂ひ高き住友だけれども、実際はその昔から立憲的の番頭政治であつた。住友吉左衛門を店主とする総本店を大正十年合資会社に改組して以来は、名実共に番頭政治となつた……住友の業務は総理を中心とする数人の重役に一任され、家長は殆んど全く干渉しなかつた」（川田順『住友回想記』、一三四頁）。すなわち、家長は君臨すれども統治せず、実際の事業管轄は合資会社の総理事以下に全面的に任されていた。

ところが、法人改組後まもなくの一九二一年六月に連系会社（住友電線製造所と住友製鋼所）で労働争議が発生した。名目だけではあれ「家長が連系会社の社長では労働問題などで迷惑がかかる」（住友史料館『住友の歴史（下）』、二二四頁）として、翌二二年には吉左衛門はこれらの連系会社の社長を辞任した。以降も連系会社では社長制が廃されて会長制となり、その会長職はすべて形式的に合資会社の総理事や常務理事が兼務することとなって、各社の実質的な責任者は各社の専務あるいは常務取締役となった。表5－2は一九二九年当時の理事たちの連系会社兼職状況を示している。各社の経営は各社の実質的な経営責任者らに任され、こうした体制が定着した結果として、しだいに合資会社の「理事は特定会社との関係から解放され……各社分権化が進行し、理事会はようやく住友財閥全体の統括に徹する体制となった……その時期は昭和四年前後であった」（麻島、同前、四二頁）。

財閥本社の統率力

ところで、「住友財閥は、ひじょうにまとまりのよい財閥であったが、その大きな理由のひとつは、それぞれの事業が一本の根――別子銅山――から生れていることにある」（栂井義雄『小倉正恆伝・古田俊之助伝』、一二〇頁）。あるいは、「この合資会社の権限は「本社集権主義」ともいえる強力なもの」（前掲、畠山『住友財閥成立史の研究』、二八四頁）であった。つまり、住友財閥の場合、三大財閥のなかでも本社（合資会社）によるピラミッド全体の統率力が強かったとされている。換言すれば、ピラミッドとしての集権度が高かったから、その分、連系会社の分権

表5-2　理事の兼職状況（1929年8月現在）

	住友吉左衞門	湯川寛吉	小倉正恆	肥後八次	松本順吉	事実上の経営責任者
住友合資会社	社　長	総理事	常務理事	理　事	監　事	
住友別子鉱山	取締役	会　長	取締役	監　事	監　事	常　務
住友九州炭礦		会　長	取締役	取締役	監　事	常　務
住友坂炭礦			会　長		監　事	常　務
住友伸銅鋼管		会　長	常　務	取締役	監　事	常　務
住友製鋼所		会　長	常　務		監　事	常　務
住友電線製造所		会　長	取締役	取締役	監　事	常　務
住友肥料製造所			会　長	取締役	監　事	常　務
住友銀行	取締役	会　長				専　務
住友信託	取締役	取締役	取締役		監　事	専　務
住友倉庫	取締役	会　長	取締役		監　事	常　務
住友生命保険	取締役	会　長	取締役		監　事	専　務
住友ビルデイング			取締役		監　事	常　務
大阪北港		社　長	取締役	取締役	監　事	常　務
土佐吉野川水力電気		会　長	取締役	取締役	監　事	常　務

出所：麻島昭一「1920年以降の住友財閥に関する一考察」『専修経営学論集』第24号、1978年、41頁。

度の方は三井や三菱の場合に比して高くはなかった。

その一例として、たとえば各連系会社の正員の採用人事についてみると、いわゆる「本社統一人事」が長く行われていたことがある。脇村義太郎「住友財閥の人々」は述べている。「住友は……新卒業生の採用は本社人事課で終始統一的に行っていた。本社で採用して、それから各社にわりあてる、配分する。こういう中央集権方式をながく踏襲していた」。つまり、住友の幹部候補生たちは「本社と各事業会社の現場との間を行ききしておる……これも他財閥では、あまりみうけられぬやり方であった。とくに三井のごときは、本社採用は少なく……各会社で採用して交流はない」。また、三菱においても「昭和初年まで、大学出身者は本社で試験して採用し、後各社に分属するというようになっていたようであるが、その頃でも、一度各社に分属になれば、そう動くことはなかったようである。住友では現場と本社との交流、現場間の交流も絶えずやっていた」(『経営史学』第一巻第三号、二四頁)、と。

さきに第三章でもふれたように、一般に財閥の「傘下諸企業はすべて主家の財産として等質的に観念せられていた」(柴垣和夫『日本金融資本分析』、三一七頁)。これに関連して、麻島昭一『戦間期住友財閥経営史』はつぎのようにコメントしていた。すなわち、財閥では「番頭経営者は持株会社の立場から経営し、各企業は主家の財産としては等質的に観念される……住友の場合こそ、このことが最大限に実現しているケースであろう」と述べて、なぜなら住友では「財閥内での処遇が個別企業の枠なしに共通基準でおこなわれることが、人的コントロールを有効ならしめ、財閥内のポスト異動を流動的にしている」(五九三頁)、からだと説明していた。

同じく、麻島前掲書は「住友財閥がコンツェルン形態を完成したのは昭和三〜五年ごろで、直営部門の分離独立(株式会社化)、傍系会社の直系組入れ、新設・買収による新分野への進出が一段落した時期である」(同頁)、とする。その後、一九三七年になると、住友合資会社は今度は三井や三菱などに先駆けて、相続税対策や退職慰労金問題を精算するために解散し、財閥本社を株式会社組織へと変更した。同年一二月の「株式会社住友本社」の設立である(1)。

この間、職員数は急増してきた。かつて一九〇九年の総本店設立時には一五七三人だったのが、一九二一年の合資会社設立時には三七四四人、一九三七年の株式会社住友本社の設立時には六九七九人と急膨張の一途であった（前掲、『住友の歴史（下）』、二五〇頁）。「住友全体の中で、本社部門が雇用する職員（傭員）と各事業部門が直接雇用する準職員（準傭員）の比率は、大正十年の場合約八対二、昭和十二年には約七対三、……多角化した各事業部門における職員の内、七〜八割は本社部門が直接雇用管理することになる。こうした本社部門による集権的雇用管理」（牧知宏「近代住友における職員層のキャリアパス」、一六四頁）こそが住友の大きな特徴であった。(2)

しかし、住友のような集権度の高いピラミッドにおいても、一九三〇年代の日本経済全体の活況や重化学工業化の進展は傘下の連系会社の事業活動を活発化させ、しだいにそれらの分権度は高まりつつあった。一九三〇年には一三社だった連系会社は大戦末期になると一六社となり、また連系会社に準じる「特定関係会社」も一一社にふえた。さらには、さきに第三章でふれたように、連系会社が自ら子会社をもちはじめたことも注目すべきで、すなわち、「連系会社の関係会社数は、一九四四年当時七五社であり、一九三九年から一九四五年まで七年間を累計すると一二〇社あまりに達していた」。あるいは、「一九四〇年、住友本社は関係会社がふえてきたので、取扱の統一をはかるため「連系会社ノ関係会社ニ対スル統制事項」を連系各社へ送付した」（前掲、『住友の歴史（下）』、二五七頁）。表5－3は(1)連系会社、(2)特定関係会社、および(3)関係会社の一覧である。

また、前述したように連系会社では社長制をとっていなかった。しかし、「軍の「企業の最高責任者は社長にせよ」との意向で、連系会社は会長制から社長制に移行」し、一九四一年一〇月に住

備　　考
住友銀行（1895開業）を改組
住友鋳鋼場（1901開設）を改組
電線製造所（1911開設）を改組
住友倉庫（1899開設）を改組
肥料製造所（1913開設）を改組
坂炭礦（1913設立）を改称
日之出生命保険（1907設立）を改称
住友伸銅場（1897開設、1913伸銅所と改称）を改組
別子鉱業所（1896開設）を改組
若松炭業所（1909開設）を改組
⑧・⑭を合併
住友別子鉱山新居浜製作所を改組
②・⑩を合併
⑫・⑮を合併
扶桑海上火災保険（1917設立）を改称
1944連系会社指定解除
⑤・⑪を合併

友金属工業が社長制を設けたのを皮切りに各社もこれに追随した。それまで住友では「社長」は家長一人であった。「家長を頂点とする住友の家制度は、軍の意向によって変質を余儀なくされ」（同前、二六一頁）はじめたのである。

「軍需資材供給者」　さて、住友財閥の主要な事業は一括りにして「軍需資材供給者」などといわれることがあった。「住友財閥の……軍需工業に直接間接の関係を持つ会社は、住友金属工業、

表5-3(1)　連系会社の一覧

	会　社　名	設立年月	連系会社指定年月	資本金
①	住友銀行	1912. 4	1921. 5	7,000
②	住友鋳鋼所	1915.12	1921. 5	1,200
	1920住友製鋼所と改称			
③	住友電線製造所＊	1920.12	1921. 5	1,000
	1939住宅電気工業と改称			
④	住友倉庫	1923. 8	1923. 8	1,500
⑤	住友ビルディング	1923. 8	1923. 8	650
⑥	住友肥料製造所＊	1925. 6	1925. 6	300
	1934住友化学工業と改称			
⑦	住友信託	1925. 7	1925. 8	2,000
⑧	住友坂炭礦	1925.10	1925.10	200
⑨	住友生命保険	1626. 5	1926. 5	150
⑩	住友伸銅鋼管	1926. 7	1926. 7	1,500
⑪	大阪北港	1919.12	1927. 4	3,500
⑫	住友別子鉱山	1927. 7	1927. 7	1,500
⑬	土佐吉野川水力電気＊	1919. 2	1927. 7	500
	1934四国中央電力と改称			
	1943住友共同電力と改称			
⑭	住友九州炭礦	1928. 7	1928. 7	1,000
⑮	住友炭礦	1930. 4		1,500
⑯	住友アルミニウム製錬＊	1934. 6	1934. 6	1,000
⑰	満洲住友鋼管	1934. 9	1934. 9	1,000
	1938満洲住友金属工業と改称			
⑱	住友機械製作＊	1934.11	1934.11	500
	1940住友機械工業と改称			
⑲	住友金属工業＊	1935. 9		4,000
⑳	住友鉱業＊	1937. 6		2,700
㉑	住友海上火災保険	1940. 4	1940. 4	1,000
㉒	日本電気＊	1899. 7	1943. 1	5,000
	1943住友通信工業と改称			
㉓	朝鮮住友軽金属＊	1943.11	1943.12	8,000
㉔	住友土地工務	1944.11		4,150

注：＊印は軍需会社指定。資本金は連系会社指定時。単位（万円）。
出所：『住友の歴史』（下）、226～7頁

住友鉱業、住友電線、住友機械、住友化学、住友アルミニウム製錬の六社であるが、これらの払込資本金の合計は……住友本社の直系会社のもつ払込資本金総額にたいして六一・七パーセントという大きな比重を占める」（栂井義雄『小倉正恒伝・古田俊之助伝』、一五五頁）。各社はヂュラルミン、マグネシウム合金、各種鉄鋼製品などをさかんに製造するが、「然し乍ら、住友財閥は軍艦、航空機等を製造する事業を持つてゐない。此の点は遙かに三菱財閥に劣つてゐる。住友財閥の軍事的性格は軍需資材の供給者として特徴付けることが出来る」（栂井義雄『戦争・軍需工業・財閥』、九二頁）。

あるいは、「住友財閥の事業展開上大きな柱として、海軍、鉄道省、逓信省、のちに陸軍など官需依存がある。戦時体制期では官需＝軍需が利益源泉の大部分を構成」（前掲、麻島『戦間期住友財閥経営史』、五九四頁）した。表5－4は三大財閥が展開した事業の分野別構成比を示している。住友の事業構成において重化学工業の比率が特段に高いことが見てとれよう。また、戦時期における重化学工業への投資の増大振りも顕著であった。

このように、住友財閥は一九三〇年代後半から

備考
1922より住友経営
1932より住友経営、1943連系会社指定
1931より住友経営
1932より住友経営、1942土肥鉱業と改称
1942経営譲渡
1942住友ボルネオ殖産と改称
住友海上火災保険・大阪住友海上火災保険を合併
合成樹脂工業所（1938設立）を改称

規」を与え「特定関係会社」とした。

表5-3(2)　特定関係会社の一覧

会　社　名	設立年月	内規受領年月	資本金
日本板硝子＊	1918.11	1938. 1	1,000
北支産金	1938. 4		200
日本電気	1899. 7	1938. 5	3,000
大日本鉱業	1915.11	1938. 8	500
土肥金山	1917. 8	1939. 4	250
静狩金山	1933. 8	1939.12	315
熱河蛍石鉱業	1941.10		130
スランヂン殖産	1941.11		(50万ギルダー)
大阪住友海上火災保険	1944. 3		2,400
住友化工材工業＊	1944. 5	1944. 5	383
安東軽金属	1944. 4	1944. 7	20,000

注：1938年、住友本社は関係会社のうち重要なものに「関係会社ノ役員ニ関スル内
＊印は軍需会社指定。資本金は内規受領時。単位（万円）。
出所：『住友の歴史』（下）、254～5頁

戦時期にかけて重化学工業財閥として急激な成長をみせたのである。川田順は回想していう。「別子銅山を手に入れた二百五十年前に於いて、住友が他日重工業者となるべき運命は決められたのであつた。型銅すなはち原料のままで海外へ輸出することは、日本のためにも住友のためにも不利益であつた。そこで、型銅を加工する伸銅所の創設となつた。銅の加工はおのづから鋼の加工へと横にも発展していつた。そして、日清戦争、日露戦争、八八艦隊計画などの外的事情が、住友その他の資本家の重工業を助長した」（『住友回想記』、一八四頁）、と。あるいは、「こうして、吉左衛門総本家のために別子中心に三井より長く存続してきた住友が、目立たないようにしてきても、昭和期の軍事体制が遂に住友を三井、三菱の位置に押し上げた」（小林正彬『三菱の経営多角化』、四一七頁）。

表5-3(3)　連系会社の関係会社（1944年9月）

（単位：万円）

社名	資本金
住友鉱業	
太洋鉱業	1,000
金屋淵鉱業	3,000
佐々連鉱業	1,500
宇久須鉱業	3,000
野崎鉱業	―
大日本鉱業＊	5,000
土肥鉱業	2,500
熱河蛍石鉱業	2,000
北支産金	1,700
住友金属工業	
住友特殊製鋼＊	20,000
大阪金属工業＊	60,000
大阪金属工業＊	60,000
大刀洗航空機製作所＊	12,000
九州飛行機＊	30,000
九州兵器＊	20,000
帝国特殊製鋼＊	25,500
日本パイプ製造＊	14,400
日本楽器製造＊	30,000
理研金属＊	14,800
住友アルミニウム	4,500
栗村鉱業所	6,000
日東金属工業	8,000
昭和精機工業	4,000
大塚鉄工所	1,600
東京精鍛工所	5,200
朝鮮住友製鋼	6,000
大阪航空機器工業	1,000
昭和硅石	150
丸三耐火煉瓦	480
高知礦業	250
足立石灰礦業	3,000
阪根金属工業	3,000
満洲電線管工業	―
満洲軽合金	54,000
住友化学工業	
住友多木化学工業	12,000
神東塗料＊	3,750
満洲神東塗料	2,500
特殊硝子光機	500
住友機械工業	
華北機械	12,000
山川重圧機工業	1,000
波止浜船渠	1,600
徳島機械工業	600
住友電気工業	
大阪ダイヤモンド工業	2,000
日本海底電線＊	12,000
東海護謨工業	5,000
満洲電線	40,000
日本電線＊	4,000
藤倉電線＊	10,000
日新電機＊	3,000
東海電線	750
国華護謨工業	2,000
世界通益橡膠廠	450
朝日金属精工	5,000
恵美須屋工具工業＊	5,500
住友通信工業	
安立電気＊	10,000
東北金属工業＊	10,000
日本通信工業＊	10,000
満洲通信機	6,000
東洋通信機＊	15,000
日本電気＊	2,500
日本電気兵器＊	12,000
安藤電気	2,000
日本電気録時機	150
日電興業	750
朝鮮住友軽金属	
伊予窯業	―
住友共同電力	
伊予川開発	1,750
住友倉庫	
富島組	2,000
東陽倉庫	6,000
住友銀行	
三重銀行	3,500
近畿無尽	4,340
布哇住友銀行	200
シヤトル住友銀行	200
加州住友銀行	145
安東軽金属	
安東セメント	―
日本板硝子	
日本鉄工所	300

注：資本金は1945年8月15日時点、＊印は軍需会社指定。
出所：『住友の歴史』（下）、256～7頁

この間、戦局の進展につれて連系会社の設備投資額は増大し続けた。各社の増資についても軍部の意向に沿って本社の統制を超える形で進められた。すなわち、住友本社および住友家（三分家含む）の「連系会社株式の金融三社（銀行、信託、生命）による肩代わりが進」んだのであり、この結果として、住友本社と住友家による連系会社持株比率は、本社設立時には五二％であったものが敗戦時には二九％にまで低下してしまった（『住友の歴史（下）』、二五三頁）。

軍需会社の指定

戦時統制がいよいよ強まるなか、一九四三年から財閥傘下企業の軍需会社指定が進められた。戦時統制が進むなかで、各財閥ともすでに財閥本社による傘下企業の管理統括は徐々に機能不全の状況を見せはじめていた。それに追い打ちをかけたのが、それらの軍需会社指定であった。

三井の主要な傘下企業（直系・準直系会社）の軍需会社指定については後掲表5－6のなかに示した。三菱については、分系会社の六社（三菱重工業・三菱電機・三菱製鋼・三菱石油・日本化成工業・三菱鉱業）、および関係会社六社の計一二社が指定されて

表5-4　三大財閥の投資分野の変化

（%）

		1937	1941	1946
三井	金融	11.5	5.4	5.5
	礦鉱業	26.5	25.1	15.8
	重化学	22.1	39.9	56.6
	軽工業	13.8	12.2	8.9
	その他	26.0	17.4	13.2
三菱	金融	22.1	10.6	6.2
	礦鉱業	18.6	20.3	10.6
	重化学	27.1	36.5	57.5
	軽工業	11.5	7.7	2.5
	その他	20.7	24.9	23.3
住友	金融	15.1	10.3	4.1
	礦鉱業	8.8	6.1	7.2
	重化学	35.2	65.5	80.5
	軽工業	9.4	1.4	1.8
	その他	31.4	16.7	6.4

出所：前掲、沢井実「戦時経済と財閥」、154-5頁。

いる。

さて、住友の連系会社など各社の軍需会社指定については、さきの表5－3のなかに示しておいた。一九四四年当時の連系会社一六社のうち、製造業関連の九社すべてが軍需会社に指定されている。それのみか、特定関係会社二社、さらには関係会社（連系会社の子会社）二二社も指定されていた。これらの企業はすべて、軍需会社として、財閥本社の管理統括から離れて実質的には軍部の統制下に入ったのである。これまで見てきたように、住友財閥は本社の集権度の高いコンツェルンとされてきた。それだけになおさら、ピラミッドの外側から押し寄せた戦時統制の風圧は強かった。傘下の事業会社は否応なく財閥本社の羈絆から脱しはじめたのである。「三財閥の中でももっとも厳しい本社による傘下企業支配に関する規定と整備された本社経理部を有した住友においても……財閥の本社はあって無きが如き存在となってしまった」（沢井、前掲、一九四頁）。

のちの敗戦後の占領下において、株式会社住友本社がGHQに提出した「住友ノ組織」という文書がある。その一節はいう。「……戦時統制経済ノ進展ハ重要産業ヲ直接国家管理ノ下ニ置クニ至リ茲に住友本社ノ連系会社ニ対スル統制力ハ絶対的ノ制限ヲ受クルニ至ツタ」、と。

すなわち、「国家総動員法ニ基ク工場事業場管理令ノ制定、重要産業団体令ニ依ル統制会ノ設立等ニヨリ住友本社ノ統制力ハ次第ニ国家統制ニヨリ置キ換ヘラレツツアツタガ、昭和十八年軍需会社法ノ制定ヲ見ルニ及ビ連系会社中軍需会社ノ指定ヲ受ケタルモノハ夫々生産責任者ガ直接国家ノ命令ニヨリ軍需生産ノ責ニ任ズルコトトナリ、住友本社ガ其ノ間ニアツテ之ヲ統制スルガ如キ余地ハ全ク消滅スルニ至ツタ」わけである。

同文書はそのまま、戦時下において財閥本社が機能不全に陥ったことの苦衷を表現していた。

四　住友戦時総力会議の設置

戦局はいよいよ深刻化し混迷を続けていた。一九四四年に入ると六月にはマリアナ沖海戦で惨敗、七月にはサイパン島守備隊全滅、もはや敗戦は必至の状況に向かっていた。七月一八日には東條内閣が総辞職した。

その一九四四年九月一五日、住友本社は「住友戦時総力会議」なるものを新設することを記者発表したのである。「住友全事業ハ……現下戦局ノ危急ニ対処シテ、更ニ一段ト総力結集ヲ強化徹底シ、戦力増強ノ一途ニ挺身センガ為、茲ニ住友本社、連系会社及関係会社ヲ以テ住友戦時総力会議ヲ組織スルコトトシタ」。また、この会議は、「住友本社総理事ガ議長トシテ之ヲ統裁シ、議長ト各事業部門ヲ代表スル少数ノ議員ヲ以テ構成」するとして、「本会議ノ陣容ハ左ノ通リデアル」と、表5－5に示したように会議の構成メンバーの一〇名を公表している。

また、「住友戦時総力会議規定」（全十四条）も発表されて、その第一条はつぎのように同会議の目的を明らかにする。「住友戦時総力会議ハ戦時中住友本社連系会社及関係会社ノ総力ヲ結集シテ生産増強ヲ強力且急速ニ推進スヘキ最高方策ヲ議定シ併セテ凡ユル緊急事態ニ対処シテ機宜ノ施策

表5-5　住友戦時総力会議の構成

議員氏名	本社職制	担当部門・所属事業	
古田俊之助	総理事		
北澤敬二郎	常務理事 総務部長	第一部門	本社 倉庫 生命 ビル 北港 板硝子 その他
三村起一	理事	第二部門	鑛業 機械
春日　弘	理事	第三部門	金属 満洲金属 化工材
吉田貞吉	理事	第四部門	化学 アルミ製錬 朝鮮軽金属 安東軽金属
梶井　剛	理事	第五部門	通信
田中良雄	常務理事 人事部長	第六部門	電氣
岡橋　林	理事	第七部門	銀行 信託
大島堅造	監事	特命事項	
河井昇三郎	常務理事 経理部長	事務局長	

出所：山本一雄『住友本社経営史』(下)、507頁

ヲ決定スルコトヲ以テ目的トス」。

同日刊行の「毎日新聞」はつぎのように論じていた。「住友本社では決戦近しといはれる現下戦局の危急に対処して、住友全事業の人的物的の総力を一段と結集し一途に戦力増強に挺身するため今回戦時中の非常措置として……住友戦時総力会議を組織することとした。……住友財閥の機構改革は財閥の進むべき途を明確に示したもので、その投じた波紋は大きく、今後の住友戦時総力会議の活動は各方面から注目されてゐる」。さらに、同記事は次のように続けていた。「従来三井、三菱両財閥も本社の機構改革をやつたが今回の住友の如く根本的にメスを入れてゐなかつただけに、住友がこれを断行したことは英断といつてよい」、と。

この記者発表に先だって、九月一二日、住友本社総理事の古田俊之助は社内主管者たちを前にし

て「住友戦時総力会議設置ニ関スル総理事挨拶」を行い、同会議の内容について以下のように説明した。

同会議は「即チ戦時ニ於ケル非常特別ノ組織」であって、「住友本社、連系会社、特別ノ関係会社ヲ全部挙ゲマシテ、直接ニ之等ヲ構成分子トスル」。また、議員の数は一〇名にすぎないが各々の部署を代表するものであり、事務局も挙げて同会議を構成している。要するに、それは「住友ノ全事業ヲ打ツテ一丸トシタ機関」であって、「其ノ意味ヲ最モ端的ニ強ク現ハシマス為ニ、従来ノ此ノ種ノ機構ト異リマシテ、之ヲ本社ノ外ニ出シタノデアリマス」。

さらに古田俊之助は、今回設ける戦時総力会議と「従来ノ住友本社トノ関係」についても、つぎのように言及している。つまり、同会議は「戦時ニ於ケル非常特別ノ組織」であり「随ツテ従来ノ住友本社ガ住友全事業ノ中核機関デアルコトニ付テハ何等変リハナイ」ものの、「唯住友本社ガ従来所管シテ居リマシタ住友全事業ニ対スル統括管理ノ事務ニ付キマシテハ、戦時中ニ限リマシテ、徹底的ナ事務簡捷ヲ図リ……従来住友本社ニ打合報告ヲ必要トシタ事項ハ……概ネ之ヲ各連系会社ノ主管者ノ責任ニ於テ執行シテ戴キ、本社ヘノ打合報告ハ之ヲ省略スルト言フ建前デアリマス」。

本社機能の一時停止　すなわち、古田総理事は戦時中の非常特別の措置として「徹底的ナ事務簡捷ヲ図」らなければならない。そのためにあえて「本社ノ外ニ」新たに戦時総力会議を設置して、しかも本社の機能を一時停止する、のだと説明していた。あるいは、各連系会社に対して、「近頃ノ官庁ノ言葉デ言ヘバ出来ルダケ権限ヲ委譲スル」ことにしたとも説明したのである。当時の経済誌は、住友本社がこのように「総力会議の積極的意義を強調して、本社の本社的性格乃至機能の上に蔽ひ被せてゐる点は、大きく住友財閥全体の運営の上から見て絶妙の方針だ」（「住友本社論（二）」『東洋経済新報』、一九四五年五月一九日号）、と評価していた。

いよいよ強まる戦時統制のなか、とくに傘下会社の軍需会社の指定によって住友財閥においてもヒト・カネ・モノがピラミッドの外側から左右されるようになり、本社機能は弱体化した。その裏返しとして、必然的に傘下の連系会社の分立志向は高まっていた。本社もそれらの事情は追認せざるを得ず、「徹底的ナ事務簡捷ヲ図」るために総力会議が必要だというのである。古田は「総理事挨拶」の最後の部分において、「之ハ住友ノ歴史上ニ於キマシテモ極メテ異例ノ組織デアルト考ヘマス。随ヒマシテ、私共モ非常ナル決意ヲ以テ之ヲ断行セネバナリマセヌ」、と述べていた。

当時、いずれの財閥ピラミッドにおいても「傘下企業における急速な分権化の進行、財閥組織における遠心力の高まり」（沢井、前掲書、一九三頁）が悩みの種となっていた。当時の『東洋経済新報』誌はつぎのようにいう。すなわち、一方の軍部・軍需省からの圧迫、また他方での傘下事業会社の本社からの自立経営の高まり、それらの狭間にあって「各財閥とも綜合運営の妙味を発揮することが最も能率的であることを過去数年の経験に徴して自己認識せる如く、傘下事業の再編成ということを考慮し始めた」、のだと。

同『東洋経済新報』は続けてつぎのようにも述べている。「従来、本社と傘下企業体とは縦の関係（資本的関係を根源とする種々の関係）にのみ繫つてをり、それが統制会其他によつて剪断されたことを意識した結果、横の関係（本社の運営力を根源とする各企業体相互の有機的関係）の確立の必要なることが痛感され」はじめた。それが、「例へば三菱本社に於ては「査業委員会」の活用となり、三井本社に於ては直系準直系の「協力会議」又は近く実施される筈の「動員委員会」となつて現れてきた」（「財閥本社論（承前）」『東洋経済新報』、一九四五年三月三・一〇日号）、のだと。

いうまでもなく、こうした一連の経緯や取り巻く環境の変化は三井・三菱など他の財閥でも大同小異であったろう。したがって、それぞれの財閥本社はそれぞれの対応策を講じていた。「財閥の持つ総力をあげて国家要請に奉仕するといふ点に於ては各本社とも堂々の看板を掲げ……同時に統制経済といふ鋏であちらこちらを剪られた傘下事業網をば、こゝに至つて再調整し、再組織して財閥全体としての有機的綜合力を発揮するのが合理的ではあるまいか」（「財閥本社論（一）」『東洋経済新報』、一九四五年二月二四日号）。

たとえば、ここで三井の場合をみておくと、一九四四年六月には三井本社理事会で「直系、準直系制度確立ニ関スル件」が可決され、その「要綱」が定められた。それまでは、三井の傘下事業会社の呼称について、「直系会社、傍系会社という言葉が使用されてきたが、特に明文化された規定があったわけではなく、慣例として使用されていたにすぎない」。表5-6に示したように、新たに直系会社、準直系会社が指定されたのである。「従来ノ慣行上ノ直系制度ヲ確立シ、併セテ傍系制度ヲ設ケ、関係事業統括ノ体制ヲ整備スル」ことになったのであり、その上で、三井本社は同年九月、「本社並ニ直系、準直系各社間ノ業務上ノ連絡ヲ緊密ニシ三井ノ綜合能力ヲ発揮シテ戦力増

表5-6　三井本社による直系会社・準直系会社の指定（1944年9月）

		公称資本金（千円）	三井系大株主（持株率%）
直系会社	三井物産	100,000	三井本社（46.0）三井同族組合（10.0）三井生命（2.0）
	三井鉱山＊	400,000	三井本社（62.6）三井生命（0.6）
	三井信託	30,000	三井本社（15.4）三井同族組合（16.7）三井報恩会（16.7）
	三井生命保険	2,000	三井本社（25.0）三井同族組合（50.0）
	三井化学工業＊	81,000	三井本社（19.8）三井同族組合（19.8）三井鉱山（59.3）
	三井不動産	5,000	三井同族組合（100.0）
	三井船舶	70,000	三井本社（71.4）
	三井農林	10,450	三井本社（60.3）三井同族組合（30.1）三井鉱山（9.5）
	三井造船＊	60,000	三井本社（49.5）三井同族組合（33.3）三井船舶（2.1）
	三井精機工業＊	50,000	三井本社（89.6）東洋レーヨン（10.0）
準直系会社	日本製粉	20,000	三井本社（49.6）三井生命（3.5）
	三井倉庫	15,000	三井本社（100.0）
	大正海上火災保険	23,000	三井本社（48.1）三井生命（1.8）
	熱帯産業	6,500	三井本社（39.2）
	東洋棉花	35,000	三井本社（88.3）
	三機工業＊	8,077	三井本社（96.3）
	東洋レーヨン	35,375	三井本社（35.6）東洋棉花（7.1）三井生命（2.0）
	東洋高圧工業＊	65,000	三井化学（34.6）三井生命（3.4）大正海上（1.0）
	三井油脂化学工業	20,000	三井本社（100.0）
	三井軽金属	45,000	三井本社（2.4）三井鉱山（36.2）三井生命（0.3）
	三井木船建造＊	10,000	三井本社（30.0）三井船舶（68.0）三井造船（2.0）
	三井木材工業＊	30,000	三井本社（100.0）

注：＊印は軍需会社指定。
出所：『三井事業史』本篇第三巻（下）、259頁。

強ニ邁進センガ為メ」として、新たに二つの会議を設置することとなった。すなわち、三井直系協力会議および三井準直系協力会議である。

これら二つの会議はそれぞれ、三井文庫『三井事業史』によれば、本社側からは社長や常務理事など、各社側からは各社の最高首脳一名が出席して、「毎月一回三井本社ニ於テ定例開催」された。また、傘下各社を糾合したこれら二つの協力会議のほかにも、戦時対応のためにいくつかの委員会が設置されている。たとえば、一九四四年四月に各社間の人事交流を進める必要から「各社給与制度委員会」が、また一九四五年二月には「三井部内人事動員委員会」、三月には「非常措置委員会」などが設置されている。このようにして、「三井本社は、直系会社・準直系会社を諸機関に組織することで、三井本社、直系会社、準直系会社の一体性を強化するとともに、連絡調整機能の向上と機動的な立案企画力の向上などをはかろうとした」(以上、本篇第三巻(下)二五五頁および二六九〜七二頁)。

あるいはまた、三菱の場合をみると、少し前の一九三七年一二月、三菱合資会社が株式会社三菱社へと改組された際に、「三菱社の専務取締役と分系会社の取締役会長が、各社間の共通または関連事項について打合わせを行うための機関として三菱協議会を組織」(三島康雄『三菱財閥史』、一八九頁)していた。また、四〇年八月には三菱社および分系各社の取締役などから構成される財務委員会や査業委員会が設置された(加藤健太「戦時期三菱財閥と査業委員会」)。さらには、戦局が深刻化するなかで、敗戦間際の一九四五年七月には三菱総力本部が設置されている。つまり、「総力本部ヲ設置スルハ現下ノ国情ニ応シ傘下ノ総力結集ヲ更ニ強力ニ推進実行セシムル趣旨ニ外ナラス三菱本社及分系関係会社ニ於ケル機構ハ現状ノ儘トシ従来通リ戦力増強ニ努力スルコト論ヲ俟タス」（『三菱社誌』（四〇）、二四四〇頁）、云々。

住友の戦時総力会議もまた、これらと同じような流れに沿って生まれたのである。いずれの財閥でも傘下企業を新たに統括しなおし、それらのヨコの連携を強化することが喫緊の課題であった。そうせねば財閥ピラミッドは瓦解するのをまつより他なかった。司令塔が機能不全に陥った財閥コンツェルンは、戦時統制が強まっていくなかで、いわば実質的に'headless combines'の方向へと向かっていたわけである。

ただし、ここで興味深いのは、三大財閥とも向かう方向は同じであったが、住友の戦時総力会議だけはあえて「本社ノ外ニ」設置するなど、「極メテ異例ノ組織」だったことである。それは一体なぜか。当時の新聞は、住友の戦時総力会議について、「この結果、住友本社は持株会社としてのみ残りいはば保善社的《ママ》な性格のものとなり、従来の本社活動は戦時中一応停止するが、この行き方は戦時下財閥の総力結集方式として注目される」（「朝日新聞」、一九四四年一〇月三日）、と述べていた。

五　「極メテ異例ノ組織」

敗戦後の占領下において、住友本社がＧＨＱに対して提出した「住友戦時総力会議ノ機能其他ニ関スル説明」という文書がある。「戦時総力」などという大仰な名を冠した会議体を設置したことについての、いわば釈明文である。

それを要約すれば、まず同会議を設置した事情や背景について、「一、戦争ノ進展ニ伴ヒ軍部及政府ハ民間ノ各企業体ニ対シ直接強力ナル指揮命令ヲ行ヒ事実上其ノ管理下ニ置クニ至ツタノデ住友本社ノ其ノ傘下事業ニ対スル財閥的統制ノ如キハ全ク無力化」した。また、「二、戦局ノ深刻化ニ伴ヒ軍動員及徴用ハ愈々広範囲ニ及ビ住友本社ノ如キ戦力増強ニ直接的デナイ事業ハ……本社的統制ヲ行ハントスルモ人的ニ行詰リノ状態ニ到達シタ」。さらには、「三、住友本社ノ戦時中ノ収入ノ大宗ヲナシテキタ販売手数料ハ軍ノ物資調達ガ各工場ヨリノ直接購買ニ移行セルニ伴ヒ……職員ノ人件費負担ガ経理的ニ困難トナリ之等ノ職員ヲ本社ヨリ離脱セシメルノ他ナイ情勢トナツタ」。

こうして、「以上三ツノ状勢ヲ勘案シ住友本社ハ昭和十九年九月遂ニ戦時中其ノ統制的機能ヲ停止スルコトニ決シ、各社ハ一切ノ事項ニ付本社ノ羈絆ヲ脱シ戦時中ハ各社ノ主管者ノ責任ニ於テ業務ヲ執行スルコトトナリ」、また、「各事業トシテハ相互ニ有無相融通シ相協力スルコトガ事業運営上特ニ必要デアル……ノデ各事業ノ最高責任者ガ相会シソノ政治的折衝及決断ニヨリ連絡協調ヲ遂ゲテ行クコトトシ茲ニ住友戦時総力会議ガ設置サレタ」、と述べていた。

以上は、戦時総力会議を設置した事情や背景についての説明である。興味深いのは、同会議の設置形態についてであった。同「説明」は最後の部分をつぎのように結んでいた。

「即チ住友戦時総力会議ハ住友本社ト傘下各事業トノ関係ノ如ク上下ノ関係デハナク本社トソノ

傘下主要会社ノ最高首脳者ガ対等ノ資格ニ於テ会議体ヲ構成シ相互ノ事業運営ニ付相協力シ、併セテ将来起ルコトアルベキ非常事態ニ対処スル方策ヲ協議セントスル機構デアル」。そして、さらに付け加えて「ソレハ住友主要事業ノ最高首脳者ノ政治的協議ヲ行フベキ機構デアルガ故ニ具体的ニハ住友財閥ノ最高首脳部タル十人ノ幹部ノ会議体デアツタ」。あるいは、「十人ノ最高幹部ノ会議ニ於テ……諸般ノ庶務ヲ扱フベキ機関ガ必要デアルノデ……総力会議ニ事務局ガ設置セラレタ」、云々と。

事情はたしかに以上のとおりであったろう。住友戦時総力会議は住友本社が戦時の緊急事態に対応するために本社の「統制的機能ヲ停止」し、それを「本社ノ外へ分化」したものであった。戦時統制の強化によって、ヒト・カネ・モノの供給はピラミッドの外側で牛耳られ、ただでさえ分権化志向を高めていた傘下会社は本社の統制羈絆からはずれだし、その統制管理は機能不全に陥った。同会議の設置はそうした事情への対応策であった。

三井も三菱も、戦力増強に資するためとして傘下事業会社の連携および糾合をはかろうとした。住友においてもまた同様である。しかしながら、三井や三菱では財閥本社それ自体の統率力をいっそう強化し、その下で本社内部において協力会議や総力本部を設けた。それに対して、住友の場合、注目されるのは、その対策として本社機能をいったん「停止」したうえで「本社ノ外ニ」、本社に代わる別の会議体を設けたことであった。つまり、このような「極メテ異例ノ組織」を設けて対応したのは住友だけであった。

『東洋経済新報』はいう。「住友本社は三井、三菱本社とは非常に違つた性格を持つてゐる。その大きな現はれは……統制主体としての本社活動を一時停止して、同財閥の運営を本社とは別の機関に全然委せてゐることだ」。あるいは、つぎのようにも述べていた。「住友が財閥運営の面からその本社を当面後退せしめようと意識し実行しつゝあることは事実……然らば住友戦時総力会議とは何であるか。簡単に言へば、形の上では本社とは全然別個の、同財閥運営の抽象的機関だ」（「住友本社論（二）」、一九四五年五月一二日号）、と。

はたして、いったい全体、なぜ住友だけがこのような特殊な形態の会議体を設置したのだろうか。また、設置せねばならなかったのだろうか。

六　住友戦時総力会議の意味合い

住友史料館『住友の歴史（下）』をみると、つぎのように述べている。総理事の「古田は軍部や軍需省の圧力と、連系会社の自主性発揮とのはざまで、本社の統制力をいかに維持していくかを考えた結果、表向き戦時総力会議を表明してこの難局を乗りきろうとした」（二六六頁）、と。

あるいは、持株整理委員会『日本財閥とその解体』（一九五一年）は、戦時下の住友本社について、「本社活動を一時停止して、同財閥の運営を本社とは別の機関に全然委せていた事実」に注目しながら、つぎのように述べていた。すなわち、「住友戦時総力会議が決戦態勢下の住友本社に代つてその統理的機能を果していたことは、換言すれば住友本社が「本社」として活動していたとするよりも「総力会議」として活動していたといゝ直すこともできる」、と。また続けて、住友本社について、三井や三菱と対比しながら以下のようにも述べていた。「一面こうした分化をはっきり具体化していたのが当〔住友〕本社のみであつたことも極めて注目せられた。諸委員会の活用に熱心な三菱本社も住友本社ほど本社的性格ないしは機能を分化し劃定していなかつた。また三井本社の如きは住友本社とは逆に、本社自体の中にそれらを集中集約せんとしていたかに見えたのである」（一一九頁）、と。

なるほど、戦時下においては連系会社の結束強化や「徹底的ナ事務簡捷ヲ図」る必要があったろうことは理解できる。しかし、それらの目的だけであるなら、三井や三菱のように本社理事会の統率力強化を徹底し、そのもとでの事務通達や委員会方式などでも済ませたはずである。なにも抽象的機関としての戦時総力会議を、しかもそれを「本社ノ外ニ」設置してまで対応する必要性はなかったのではないか。かつて戦時総力会議で第一部門を担当した北澤敬二郎（本社常務理事）は、戦後に振り返って述べている。「住友戦時総力会議に付いては、自分は反対であった。理事会があれば、別にそんな組織はいらんではないかと考えた。しかし古田さんは対外的政策をも考えておられたようだ。外部からもよいように思われる方がよい。結局内容は理事会とかわらない」[3]。

住友本社の代行者

しかも、さらに注目すべき点は、『日本財閥とその解体』も指摘するように、「総力会議中では住友本社もまた一箇の会社として第一部門の中に包摂されて」いたことである（前掲表5－5参照）。つまり、「この限りでは総力会議は本社の上に位する住友財閥の最高機関となつていた」。それがたとえ「飽くまで抽象的存在で、本社の統理的機能を抽出、変形したものに過ぎな」（一二一頁）かったとしても、やはり異常な対応であったように思われる。「かくて総力会議は、戦時を通じて住友本社の代行者となる訳であるが、これを統裁するのが総理事だ」（「住友本社論（完）」『東洋経済新報』一九四五年六月二三日号）。あるいは、「住友本社は持株会社としては残ったが、従来、本社が持っていた参謀本部的な、同時にまた総司令部的な役割は、すべて戦時協力《ママ》〔総力〕会議に移された。本社は協力会議のなかに一つの会社として包摂され、協力会議は本社よりもさらに上に立つ機関となった。こういう機関を設けたのは、住友財閥だけであった」（前掲、栂井『小倉正恒伝・古田俊之助伝』、二七六頁）。

当時の住友本社の様子について、『東洋経済新報』の「住友本社論」はつぎのような指摘もしている。「勿論財閥本社である以上、その保善〔保全〕的性格乃至は機能が抹殺され得る筈のものではないが、これを最小限度に圧縮して、少くとも、本社の表面からは一時引込ませようといふ意識が明瞭だ。三井、三菱、特に前者に於て本社を盛立てようと努力してゐるのとは逆に、住友では、本社を、見方によれば後退させようとしてゐるかの如く感じられる」（（一）、一九四五年五月一二日号）、と。そして、「かうした関係は、他の財閥本社には見られぬ所だけに一見理解に苦しむ」（（二）、同五月一九日号）、ともいわれてきたのである。

『日本財閥とその解体』はいう。これらのことは「住友が時勢の動きに対して住友なりに非常に敏感であつたことを物語つていた」、と。そして、「もちろん時代に敏感であつた裏には……「名誉ある孤立」を標榜して来た住友がその言葉から想像される時代遅れや鈍重さとは全く反対の行き方をしていたことが諒解され」(一二〇頁)る、と。

ここで一考してみる必要があるのは、諸財閥において、「財閥当主の動き方並びに当主に対する従業員の態度が、三井、三菱、住友夫々に非常に違ふこと」(「三菱本社論(三)」『東洋経済新報』一九四五年五月五日号)についてであった。さきに見たように、住友では当主(家長)はいわば「象徴的君主」であった。また、住友における伝統的なイエ意識、あるいは総理事以下の社員たちの当主を尊重する畏敬の念の強さについても度々指摘されてきた。たとえば、「住友本社の特色は、家長尊重の気風の頗る厚いことだ。住友家の当主吉左衛門氏に対する総理事以下幹部、並びに社員の気持は、今時珍しい位の、その意味では全く封建的と言つてもいゝ位の鄭重さ、庇護、親愛が含まれてゐる」(前掲、「住友本社論(完)」)。

戦後にGHQに向けて提出された前掲の文書、「住友ノ組織」には、組織についての説明だけにとどまらず、当主(家長)についての行がある。それはつぎのようにいう。「株式会社住友本社ノ社長ハ家長住友吉左衛門デアルガ住友家ノ家憲ニ依リ家長ハ直接会社経営ノ衝ニ当ルコトナク住友本社経営ニ関スル一切ノコトハ総理事ガ之ヲ決定実施スルノデアル。況ヤ家長ガ連系会社ノ経営ニ関与スルガ如キコトハ全然無ク、現ニ連系会社十五社中家長ガ重役陣ニ参加シテ居ルノハ株式会社住友銀行一社ノミデアリ之モ単ニ平取締役トシテ名ヲ連ネ居ルニ過ギヌ」。さらに続けていう。「因ニ現家長ハ其ノ性格ガ極メテ平和的（peace-loving）デアリ文学ヲ好ミ京都帝国大学ニ於テ日本文化史ヲ専攻シ「泉幸吉」ノペンネームヲ持ツ歌人デアルコトハ人ノ知ル所デアル」、と。

家長尊重の気風

　これまで見たように、諸財閥のうちでも最も古い歴史をもつ住友では、十六代家長は「象徴的君主」の如き立場に置かれてきた。しかし、いかに象徴的な存在とはいえ、制度組織の上からすれば家長は持株会社たる財閥本社（株式会社住友本社）の社長たるに間違いなかった。すなわち、総理事古田らは「家長尊重の気風」から、またイエの存続を顧慮する気持ちから、当時の敗戦必至の状況を見据えた上で、住友戦時総力会議という「本社とは全然別個の、同財閥運営の抽象的機関」を「本社ノ外ニ」（また「本社の上位に」）あえて設けることによって、制度組織上の点から家長に戦犯などの累の及ばぬように考えたのではなかったか。前述したように、古田俊之助は「総理事挨拶」の最後に「之ハ住友ノ歴史上ニ於キマシテモ極メテ異例ノ組織デアルト考ヘマス」と述べていたが、こうした住友特有の家長尊重の事情こそが、「極メテ異例ノ組織」をデザインさせた大きな理由だったのではなかったか。

　そのことを証拠立てる文書などはない。同会議の設立にまで至った具体的経緯も必ずしも明らかではない。ただ、前掲のＧＨＱに提出した「説明」文書のなかで、戦時総力会議とは「住友財閥ノ最高首脳部タル十人ノ幹部ノ会議体デアツタ」ことが繰り返し強調され、そこに家長が含まれていないことを言外にほのめかしている。

　あるいは、つぎのような叙述も参考になるのかも知れない。「彼〔総理事古田〕は本社解散の受諾を決意していた。古田が恐れたのは、財閥解体と同時に、その責任者が戦犯に問われるという噂さについてであった。古田自身は、住友財閥の最高責任者として戦犯になることを覚悟していたが、「象徴的君主」たる住友吉左衛門に累を及ぼすことを、彼は恐れたのである。しかし、住友家の主人も古田自身も、戦犯には問われなかった。公職から追放されただけ」（栂井、前掲書、二八一頁）であった。

以上、戦時統制経済のなかに生まれた住友戦時総力会議について述べてきた。同会議はそれまでの財閥ピラミッドのあり方に対して、つぎのようなインパクトを与えるものであった。

一つは、傘下企業の自立性の高まりのなかで持株会社（財閥本社）が統括機能を停止せざるを得ず、総理事の「統裁」の下とはいえ、傘下企業が互いに「対等ノ資格ニ於テ会議体ヲ構成」する方向へと変化をうながしたことであった。すなわち、敗戦後の財閥解体措置をまつことなしに、タテのピラミッド型組織からヨコの企業集団へ、あるいは'headless combines'の方向へと向かわせることとなったのである。

二つ目は、財閥コンツェルンは戦時においていずれも「打って一丸」「戦力増強」を目的とする総力会議を設立しなければならなかった。その場合、住友にだけ特殊な方法ではあったが、住友では総力会議を財閥本社の外側に設置し、そこへ財閥本社の機能をすべて引っ越してしまうという形をとったことである。もぬけの殻となった財閥本社には、「打って一丸」や「戦力増強」とは無縁の当主ひとりだけが居残された。これは「極メテ異例ノ組織」であったが、こうした形をとった背景はいったい何だったのかを考えてみても、住友の「イエ」（当主）を守り抜こうとする総理事らの強い願い以外には思い浮かばないのである。

一九四五年八月一五日、敗戦の日を迎えて住友戦時総力会議は廃止された。

注

（1）　ただし、本社の株式会社化といっても株式公開はなかった。「住友はこの改組を反財閥運動へのカモフージュ対策の一つに利用したと考えられる。なるほど株式会社制度の採用にともない法的に要求される最低限の経理公開をしなければならないが、依然として株式は非公開で同族会社の性格を保ち続けている」麻島昭一「戦時体制期の住友財閥」、二五頁。「本社改組を最初に実施した住友の場合、改組の動機は本家の相続税対策、退職金支払義務の整理、財閥批判への対応の必要性」であった。沢井実「戦時経済と財閥」、一八九頁。なお、財閥解体時における同族による本社株式の持株比率は、三井の六三・六％（同系他社〇・九％）、三菱の四七・八％（一〇・八％）に対して、住友は八三・三％（一六・七％）であった。同前。

（2）　こうした住友の事情に対して、最大財閥の三井では、とくに三井本社の設立に際して混乱をみせた。「合名を物産へ合併したのは合名の株式組織化の法律技術上での方便で」、「三井傘下の各社の纏まりが悪くなった」、「三井系事業が統一を欠いてバラバラになった」「三井系企業統制の乱れを批判して三井本社が設立された」「多年放任されて、おのがじし王国を造っていた各社に、後からできた本社が規制を加えようとしてもうまくいくわけはなかった」、など。星野靖之助『三井百年』、三〇二〜〇五頁。

（3）　山本一雄『住友本社経営史（下）』、五一四頁。あるいは、平塚正俊、香川修一（いずれも総力会議事務局調査員）からの次のような「聞き書き」（一九七六年）もある。

（平塚）総力会議については実際的には余り機能しなかったんじゃないかと思っているんですがね。私はその頃金属に行っていたが、総力会議で決めたということは余り聞いたことがなかった。

（香川）私も総力会議委員の辞令をもらい、任命されたことは確かだが、まあ軍に対するゼスチュアだったのかもしれませんね。

（平塚）実際において本社が連系会社を統制することは不可能になりました。軍需省や陸海軍から統制してくるのであって、本社が統制することはできなくなった。併し、実際は「住友」というものがあってもあとはバラバラというのでは住友の人間としておさまらないですからね。また時勢が変ったらもとの統制に復するということを念頭において時局向きのこういう形をとり、表向きから云えばうって一丸となって住友全体が時局に貢献するということになるが、ある意味での統制を残してゆきたいというところがありましたね。

（鈴江）本社の中の実際の仕事は変わらないんですね、

（平塚）何も変わりません。併し当時は本社の意向でどうこうということはできなくなっていた。

麻島昭一「一九二〇年以降の住友財閥に関する一考察」『専修経営学論集』第二四号、一九七八年
麻島昭一「戦時体制期の住友財閥」『専修経営学論集』第三〇号、一九八〇年
麻島昭一『戦間期住友財閥経営史』東京大学出版会、一九八三年
加藤健太「戦時期三菱財閥と査業委員会」『三菱史料館論集』第九号、二〇〇八年
川田順『住友回想記』中央公論社、一九五一年
小林正彬『三菱の経営多角化』白桃書房、二〇〇六年
小宮山利政『統制会と財閥』科学主義工業社、一九四二年
小柳賢一『戦時下の日本経済の発展』日本出版社、一九四二年
沢井実「戦時経済と財閥」『日本経済の発展と企業集団』東京大学出版会、一九九二年
柴垣和夫『日本金融資本分析』東京大学出版会、一九六五年

下谷政弘「一九三〇年代の軍需と重化学工業」同編『戦時経済と日本企業』昭和堂、一九九〇年
住友史料館『住友の歴史（下）』思文閣出版、二〇一四年
栂井義雄『戦争・軍需工業・財閥』東洋経済新報、一九三七年
栂井義雄『小倉正恒伝・古田俊之助伝』東洋書館、一九五四年
長島修「戦時経済研究と企業統制」下谷・長島編『戦時日本経済の研究』晃洋書房、一九九二年
畠山秀樹『住友財閥成立史の研究』同文館、一九八八年
E・M・ハードレー『日本財閥の解体と再編成』東洋経済新報社、小原敬士・有賀美智子監訳、一九七三年
樋口弘『日本財閥の研究（一）―日本財閥の現勢―』味燈書屋、一九四八年
星野靖之助『三井百年』鹿島出版会、一九六八年
帆足計『統制会の理論と実際』新経済社、一九四一年
牧知宏「近代住友における職員層のキャリアパス」『住友史料館報』第四四号、二〇一三年
三島康雄『三菱財閥史（大正・昭和編）』教育社、一九八〇年
三井文庫『三井事業史』本篇第三巻（下）、二〇〇一年
三菱社誌刊行会編『三菱社誌』(40)、一九八二年
持株整理委員会『日本財閥とその解体』、一九五一年
山本一雄『住友本社経営史（上・下）』京都大学学術出版会、二〇一〇年
由井常吉「コンツェルンの統制機構」『科学主義工業』一九四一年七月号
脇村義太郎「住友財閥の人々」『経営史学』第一巻第三号、一九六六年

あとがき

本書の「まえがき」のなかでも、また本論のなかにもたびたび引用した川田順『住友回想記』（一九五一年）は述べている。

私は、法学士でありながら、日本における法経系統の学問の大学の多過ぎるのに疑問を抱く……普通の社会人に取つては、法律経済などは新聞雑誌で知り得る程度の常識で充分だ……法律経済は、その方の職業人（法律家や大学教授など）以外の人間に取つて最もつまらない学問である。（一五三頁）

名だたるアララギ派の歌人としても知られたかれは、つぎのようにも詠んでいる。

法律経済などは黏鳥《もちどり》のかかづらはしき学問とおもへ（「旅鴈」、一九三三年）

川田順のこれら「法律経済などは――」という表現には、私自身もすでに年老いたのか、何かしら近年の気持ちの底に通じるものがある。私はさきに『経済学用語考』（日本経済評論社）をだした。それは当時、経済学そのものからは少し距離を置いて、何か別の世界の勉強をしたいという心根から書きあげたものであった。同書では「経済」「経営」「産業」「重化学工業」などの用語を取り上げ、それらの語義を詮索し、また故事来歴をたどった。たとえば、――明治期の東京大学（のち帝国大学）や慶應義塾では当初は「経済学」とはいわずに「理財学」と呼んだ、それは一体なぜなのか。あるいは、――「重工業」と「化学工業」とは性格の違う別個の工業なのに、なぜ日本では「重化学工業」という一語に合成したのであろうか、などなど。

本書はさきの『経済学用語考』で忘れ物のままに残した「財閥」について、あらためて書いたものである。いわば同書の続編である。あるいは、私は二〇一六年秋から住友史料館で仕事をするようになったが、いきなり、「ここでは財閥ということばは使わないでほしい」という伝統的（伝説的？）な雰囲気にふれて驚かされたからである。これまで江戸期近世史の研究を中心に業績をあげてきた同館では、明治期以降の近代史研究においては「財閥」はまだ禁句のような扱いであった。「それならば」とばかり、私はここ数年来、あえて『住友史料館報』において「財閥」とは何かについて取り組んできた。本書は、今回、それら論考に加筆して全面的に書き改めたものである。

本書の作成にあたっては住友史料館の諸兄姉からのご協力を得た。今日では「財閥」は住友史料館でも当たり前の言葉として通用するようになっている。また、本書の刊行に際しては日本経済評論社の柿崎均社長、新井由紀子さん、そして編集担当の梶原千恵さんにお世話になった。本書は同社から刊行した四冊目の著作となる。ありがたくお礼申し上げたい。
　こうして結局は、経済学そのものから離れたいなどとはいいつつも、やはり本書でも「かかづらはしき学問」から完全には離れることができず、「財閥」や「コンツェルン」、あるいは当時の日本経済のあれこれについて考える羽目になってしまった。

二〇二一年四月

住友史料館　下谷政弘

初出
第一章　いわゆる「財閥」考　『住友史料館報』第四九号、二〇一八年
第二章　財閥とコンツェルン　『住友史料館報』第五〇号、二〇一九年
第三章　書き下ろし
第四章　住友の満洲進出　『住友史料館報』第五一号、二〇二〇年
第五章　戦時統制経済と財閥　『住友史料館報』第四八号、二〇一七年

索引

著作物の著者名は人名から除いた。

【著者略歴】

下谷政弘（しもたに・まさひろ）

1944年 金沢市生まれ
京都大学名誉教授　経済学博士　前福井県立大学学長
住友史料館館長
主要著作

『日本化学工業史論』	御茶の水書房	1982年
『現代日本の企業グループ』（共編）	東洋経済新報社	1987年
『戦時経済と日本企業』（編）	昭和堂	1990年
『戦時日本経済の研究』（共編）	晃洋書房	1992年
『日本の系列と企業グループ』	有斐閣	1993年
『持株会社解禁』	中央公論社	1996年
Beyond the Firm（co-eds.）	Oxford University Press	1997年
『松下グループの歴史と構造』	有斐閣	1998年
『持株会社の時代』	有斐閣	2006年
『新興コンツェルンと財閥』	日本経済評論社	2008年
『東アジアの持株会社』（編）	ミネルヴァ書房	2008年
『持株会社と日本経済』	岩波書店	2009年
『経済大国への軌跡』（共編）	ミネルヴァ書房	2010年
『経済学用語考』	日本経済評論社	2014年
『随想 経済学と日本語』	日本経済評論社	2016年
『住友近代史の研究』（編）	ミネルヴァ書房	2020年
『日本の持株会社』（共編）	有斐閣	2020年

いわゆる財閥考——三井、三菱、そして住友

2021年5月20日　第1刷発行　　定価（本体3200円＋税）

著　者　下　谷　政　弘
発行者　柿　﨑　均

発行所　株式会社　日本経済評論社
〒101-0062 東京都千代田区神田駿河台1-7-7
電話 03-3230-1661　FAX 03-5577-2993
info8188@nikkeihyo.co.jp
URL：http://www.nikkeihyo.co.jp
装幀＊徳宮峻　組版＊フレックスアート　印刷・製本＊中央精版印刷

乱丁・落丁本はお取換えいたします　Printed in Japan

ISBN978-4-8188-2591-8